一発屋芸人列伝

山田ルイ53世

新潮社

一発屋芸人列伝　目次

装幀　新潮社装幀室

一発屋芸人列伝

はじめに

ある日。

マネージャーからメールが届いた。

仕事の詳細を伝えるもので、とあるテレビ番組のナレーション原稿が添付されている。

いわゆる、〝声の仕事〟である。

筆者は以前より、テレビ・ラジオ番組やＣＭのナレーション、アニメの声優等々、その手の経験は豊富な方で、自分で言うのも口幅ったいが、概ね好評価を頂いていた。

（最近、〝声の仕事〟増えて来たなー……）

勿論、芸人の本分ではない。

しかし、誰かに認められると、無条件に嬉しくなるのが人間である。

それが、一発屋なら尚更。

明るい兆し、手応えを感じ始めていた矢先のオファーに、自然と頰が緩んだ……原稿に目を通すまでは。

「ルネッサーンス！　髭男爵でーす……って、ただの一発屋やないかーい！」

「テレビの仕事久し振りやないかーい！」

「暇な芸人なら誰でも良かったやないかーい！」

随所に埋め込まれた、自虐台詞の数々。

（また〝コッチ〟か……）

思わず溜息が出る。

「良い声してるよね！」

「ナレーション上手いよね⁉」

実績や能力を買われて……ではなく、発注の理由は〝一発屋〟の方。

中々、呪縛は解けない。


その夜。

隣室で眠る妻子を起こさぬよう、

「暇な芸人なら誰でも良かったやないかーい！」

一人小声で、練習に勤しむ。

他人に用意された自虐の言葉を発しながら、筆者の頭を過《よぎ》ったのは、昔見た海外ドラマのワンシーン。

テロ集団に囚われたアメリカ政府の高官が、

「さあ！　お前が犯した罪を世界中の人の前で懺悔しろ!!」

と頭に銃口を押し付けられ、命じられるまま、用意された原稿を読み上げている……あれと同じ心境である。

只一つ違うのは、憐れな高官と違い、筆者の場合、罪状には間違いがないということ。

僕は、自他共に認める一発屋。

我々の仕事は常に苦みを伴うのである。


そんな筆者にも、〝旬〟の時代はあった。

10年前——。

2008年の大晦日、僕は渋谷のNHKにいた。

国民的年越し番組、『紅白歌合戦』に出演するためである。

勿論、歌を歌うわけでは無く、いわゆる〝応援枠〟。

司会の中居正広、仲間由紀恵のお二人を交え、〝貴族の乾杯漫才〟を披露し場を盛り上げるのが、その夜の〝髭男爵〟の役目であった。

用意された楽屋に、相方と僕の二人きり。

「ちょっと、電話してきまーす！」

能天気な口調で告げ出て行ったきり、マネージャーは戻って来ない。

ドアの向こうから聞こえてくる、慌ただしく廊下を行き交う大勢のスタッフの足音や、誰かが誰かに語気荒く指示を飛ばす声……生放送前の緊迫感溢れる喧騒に気圧され、僕達の口数は異常に減っていた。本番に備えたネタの確認作業以外は、

「スゲーなー……」

「……なー!?」

熟年夫婦のように、会話は殆ど無かった。

とは言え、唯々委縮していたわけではない。

先述の〝スゲーなー……〟は、大舞台に対する畏敬の念と、「それに選ばれた俺達スゲーなー！」という自画自賛、ある種の感慨深さも含んでいた。

その年ブレイクした若手芸人が『紅白』に登場する流れは、当時既に定番化しており、2008年の自分達の活躍は十二分にその条件を満たしているとの自負もあったからである。

連日のテレビ出演に加え、10本を超えるCMのオファー。
○○宣伝隊長に、△△広報部長と大きなイベントやキャンペーンのマスコットキャラクターにも任命され、芸能人らしい華やかな仕事が続々と舞い込む。
あの頃……僕達は間違いなく〝売れっ子〟だった。

……などと、臆面も無く自慢気に書いたが、本書に登場する一発屋達の〝最大瞬間風速〟に比べれば、僕達のエピソードなど、微風に等しい。

何せ、「流行語大賞にノミネート」といった、お馴染みの一発屋武勇伝は元より、「過密スケジュールをこなす為、ヘリコプターで移動した」とか、「地方営業のステージで、余りの人気に、会場周辺の道路が大渋滞」など、ハリウッドスター顔負けの逸話を持つものもいるのである。


多くの人々に愛され、真似をされた一発屋達の芸。

学校や居酒屋、メールやＳＮＳ上でのやり取り……あらゆる場所で、彼らのギャグやフレーズが飛び交い、一発屋達の衣装を模したコスプレに身を包み、忘年会や新年会の余興を切り抜けるものが続出した。

程度の差はあれど、一発屋達は皆一様にお茶の間の人気者となり、その内の何組かは、〝社会現象〟と評されるほどの大ブレイクを果たし、時代の寵児と持て囃された。

そうして……僕達は消えた。

お伽噺であれば、

「末永く幸せに暮らしましたとさ……」

「めでたしめでたし……」

とその絶頂期に幕を引くことも出来るだろうが、現実はそうはいかない。

人生は続く。

本書で描かれるのは、サクセスストーリーではない。

一度摑んだ栄光を手放した人間の、〝その後〟の物語である。


とかく、「消えた」、「死んだ」と揶揄されがちな一発屋……筆者はそうは思わない。

取材を通して感じたのは、むしろ真逆の何かである。

果たして真実はどちらなのか……それは、読者自身の目で、確かめて頂きたい。

レイザーラモンHG

一発屋を変えた男

２０１６年、某月。

新宿駅に隣接する劇場「ルミネｔｈｅよしもと」の楽屋で、僕は或る男を待っていた。彼にインタビューをするのが、その日の仕事である。

或る〝男〟と書くのは、正確ではない。

僕の待ち人は、或る〝ハードゲイ〟……レイザーラモンＨＧ、その人である。

「ヒロシです……」

「残念！」

「やっちまったなー！」

一時期、お茶の間を賑わせたものの、その後テレビへの露出が激減し、人々から〝消えた〟と揶揄《やゆ》される芸人達。

世間では、等しくこう呼ばれている。

〝一発屋芸人〟と。

僕もＨＧも、ご多分に漏れずその不名誉な烙印を押された身である。

一発屋が一発屋にインタビュー。

耳を澄ませば、

「ピチャ、ピチャ、ピチャ……」

と水分多めの音が聞こえてきそうだが、この連載の目的は、勿論傷の舐め合いなどではない。

そもそも、我々の負った傷は、唾液程度で癒える軽傷でもない。

一発屋は、本当に消えてしまった人間なのだろうか。

否である。

彼らは今この瞬間も、もがき、苦しみ、精一杯足掻きながら、生き続けている。

本書は、自らも一発屋である筆者の目を通して、彼らの生き様を描いていく試み。

一発屋の、一発屋による、一発屋へ捧げる拙稿が、悩み苦しむ芸人達のゲティスバーグ演説となれば幸いである。


遡ること1年半ほど前。都内のレストランで、とある会合が開かれた。

テツandトモ、小島よしお、コウメ太夫、ゆってぃ……それぞれ時代を代表する一発屋、総勢15人が集結。会場となった代官山のお洒落な店には少々似つかわしくない顔ぶれだが、なかなか壮観である。

一口に一発屋と言っても、その瞬間最大風速、ブレイク度合いには正直なところ、差がある。

1回売れた当時の最高到達点や期間は、年々低く、短くなってきており、一発屋は小粒化傾向にあるのが現状である。最近では、数か月と持たず、その〝一発〟を終えるものも少なくない。様々な話題が俎上に載せられた一発屋達の集《つど》いで、最も盛り上がりを見せたのがまさにそれ。

「一体、自分は○発屋なのか」

という検証トークである。

例えば、ダンディ坂野。2003年に「ゲッツ！」で一世を風靡した彼を丁度1発とすると、我々髭男爵は、せいぜい0・8発だ……といった具合。

小島よしおの場合は、1・5発、あるいは2発。何しろ、郵便切手の図案になるほど売れた男である。もはや、偉人レベル……桁が違う。

「○○は1・2発はあるんじゃない？」

「ちょっと待って……そうなると、△△は0・2発くらい？」

「いや、0・2発ってそれブレイクしてないでしょ⁉」

世間的には一切興味のない話題だろうが、今宵の面子《メンツ》なら否応なしに盛り上がる。

皆の議論に耳を傾けながら、僕は一人、あらぬ都市伝説を妄想し、背筋を凍らせていた。

「数字を全て足したら、〝8・6〟になるんじゃ……」

頭の中で、

「ちょっと待って、ちょっと待ってお兄さん！」

と、何者かが制止してくれなければ、実際に足し算を始めていたところである。

我々、髭男爵の持ちギャグ「ルネッサーンス！」による乾杯の発声に始まり、〝Mr.一発屋〟の「ゲッツ！」の唱和で締められたこの集まりは、一発会と名付けられた。

一発屋界を変えた男

２０１５年春の一発会そして同年夏に開催され、総勢24組の芸人が参加した〝一発屋総選挙〟なるイベント。

事務所の垣根を越えた一連のムーブメント……と言うにはやや小規模な感は否めないが、小島よしおやムーディ勝山といった面々と共に発起人に名を連ね、その腰振り役、もとい、旗振り役を務めた人物こそ、レイザーラモンＨＧである。

話を冒頭の、「ルミネｔｈｅよしもと」の楽屋に戻そう。

舞台の出番を終え、筆者の前に現れたＨＧの顔には、トレードマークのサングラスは見当たらない。素顔である。しかも、紺のスーツ姿。ハードゲイの面影は欠片《かけら》もないが、間違いなくステージを降りた直後である。私服に着がえたわけではない。実は、これが彼の最新の〝戦闘服〟なのだ（ＨＧの現在の芸風については後述する）。

僕はかねてよりＨＧに尋ねてみたいことがあった。

何故、一発屋を集めた活動を始めたのかということである。

一発屋という境遇こそ同じだが、あくまで芸能界で競い合う、ライバル同士。下手をすれば、敵に塩を送ることになりかねない。

事実、前出の一発屋総選挙において、初代王者の栄冠に輝いた我々髭男爵は、少々注目を浴び、若干仕事のオファーも増えた。

一方、イベント開催に奔走したHGはと言えば……24組中20位。流した汗の対価としては、釣り合わぬ報酬である。

全く〝おいしく〟なかったはずなのだ。

なのに、何故……疑問をぶつけると、舞台後の上気した顔でHGが話し始める。

「一発屋と呼ばれる人達は、〝キャラ芸人〟が多い。キャラに入り込むタイプの人間は、社交が苦手で、孤立する人が実は結構いる。だから、『一緒にやろうや』と」

続けて、

「僕達には、経験してきたものをこれからの一発屋に伝える役目がある。『ブレイクしたらこんなことが起こりますよ……だから気を付けましょう！』と、毎年誕生する一発屋の子達に対処法や、受け皿を提供したい。そんな組合的なスタンスでやらしてもらってる」

終始穏やかな語り口は、もはや芸人のものではない。断酒会か何かのリーダー、あるいは、NPO代表のそれである。実際、一発会は悩み多き芸人達の、心のセーフティネットとしても機能しているので、当たらずといえども遠からず。

僕が常日頃から彼を、

「一発屋界の添え木」

と呼んでいる所以である。

落ち目となり、傷付き、心がポキポキと複雑骨折状態の一発屋。放置すれば、歪《いびつ》な形で固まってしまう。

そこに添えられるのは、HGの男木、もとい、男気という名の一本の枝なのである。

「僕達って、飽きたとか、面白くなくなったとか言われるけど、その言い方は合ってないと思う。やってることはずっと面白い。ただ、皆が〝知り過ぎてしまった〟だけ。そもそも、面白いものを提供したからこそブレイクしたんやから！」

彼の発信するポジティブなこれらの言葉は、一発屋のあり方を変えたといっても過言ではない。それまでの一発屋は、ただただ惨めで可哀そうな存在。彼ら自身が口にするコメントも、メディアの取り上げ方も、自虐一辺倒な時代が長く続いた。

しかし、最近では、

「しぶとく生き残っている人達」

「久しぶりに見たら面白いネタ特集」

等々、一発屋に対するメディアの切り口、光の当て方も変わりつつある。売れっ子当時の最高月収を発表するだけではない、〝生きた〟一発屋の姿が、お茶の間に届く機会が増えた。

HG以前とHG以後で一発屋芸人の世界は、只の化石博物館から〝ジュラシックパーク〞へと変貌を遂げたのである。

綺麗で正気、でもハードゲイ

レイザーラモンHG。

本名、住谷正樹は、兵庫県出身である。

年齢は僕と同じ41歳（取材当時）だが、芸歴は彼が1年先輩。

世間の彼に対するイメージは、ハードゲイ、一発屋芸人、プロレスラーと言ったところか。

しかし、僕の抱くHG像は違う。

「HGは綺麗である！」

これに尽きる。

清潔感でも良いのだが、より率直に表現するなら綺麗という言葉しかない。

セールスポイントである鍛え上げられた肉体美は勿論、プロレスのマットで培ったキレのある身のこなし。近年精を出すモデル業の為か、手入れされたお肌はツルツルである。素顔は端正で、なかなかの男前。サングラスの下に輝くつぶらな瞳は、穏やかなその人柄を満々と湛えている。

声も低く、深みが……賛辞は尽きぬがこの辺で止めておく。もはや、どちらがハードゲイなのか分からない。

ちなみに、僕の相方樋口も、彼のことを語る際、

「本当HGさんって、綺麗だよねー……」

溜息混じりの、オネエロ調になる。

この綺麗さ、つまりタレント性こそが、明らかにテレビには不向きなキャラクター、ハードゲイを、お茶の間に浸透させ得た大きな要因の一つだと筆者は考える。

綺麗は素敵で無敵なのだ。

加えて、先述した通りの人格者。真っ当な人間である。

ここで、一つの疑問が湧いてくる。

「そんな、真っ当で綺麗な人間が、ハードゲイという〝狂気〟を身に纏うのは、さぞかし葛藤があったのではないか」

髭を生やし、シルクハットを被る筆者の〝貴族〟というキャラクターは、正統派の漫才で結果を出せず、鳴かず飛ばずの日々を送った末の已《や》むに已まれぬ決断だった。普通の漫才師からコスプレキャラ芸人にメタモルフォーゼ（変態）した当初は、「本当にこれが正解なのか？」と挫折感に苛まれたものである。

彼とて同じはず。正気のまま狂気を纏うために、迷い、苦しんだに違いない。

ＨＧの属するコンビ、レイザーラモンの芸歴は、「今宮子供えびすマンザイ新人コンクール」の福笑い大賞受賞から華々しく始まっている。この大会は現在も大阪の今宮戎神社で毎年開かれており、関西における若手漫才師の登竜門として、過去には宮川大助・花子、ダウンタウン、ナインティナインらも輩出した由緒正しき賞レースである。レイザーラモンはそこでいきなり約２００組の頂点に立ち、東京のプロダクションからも声をかけられるほどの逸材だった。

さらにＨＧは、その後入団した吉本新喜劇でも、〝うどん屋の店主〟に抜擢される。終始舞台にいて、ボケる人にツッコむ役回り。場を仕切れる人間でなければ務まらない。

天然でもなければポンコツでもない。

むしろ、お笑いエリート。

ただただ才気あふれる若手芸人だったわけだ。少なくとも、彼のハードゲイは、お笑い劣等生が、キャラによる〝ドーピング〟を目論んだケース、つまり、筆者の場合とは異なる。

ハードゲイの誕生は、先輩の鶴の一声だった。ＨＧの相方、レイザーラモンＲＧによれば、

「住谷は昔から変わった格好をするのが好きで、変な毛皮やベストを着たりしてたんです。そしたらケンドーコバヤシさんが『お前、ハードゲイか！』って」（「お笑いＴＹＰＨＯＯＮ！ＪＡＰＡＮ」２００５年）

この言葉で、ＨＧは覚醒する。

「〝ハードゲイ〟という言葉を耳にした時、『この言葉、めっちゃパワーあるな！』と思って、

突き詰めていった」

彼はそこから試行錯誤を重ね、サングラスとピチピチのレザーファッションを身に纏ったハードゲイスタイルに辿《たど》り着く。このキャラクターを世に出す機会を虎視眈々と窺っていたHG。

「吉本新喜劇にいた頃、ハードゲイのキャラクターが完成しつつあったので、自信を持って社員にプレゼンをした。こういうのありますよ、どうですか？　と」

すると、

「いやお前……お昼の生放送で無理やろ！」

「アカンで、あんなん！　顔隠して何してんの？　グラサン取り！」

まさに一蹴。全く相手にされない。

とは言え、社員の方を責めることも出来ない。当然の判断である。

家族で楽しむ昼間のテレビに、ある日突然ハードゲイが登場し、腰を振りだす。お茶の間は、さぞかし気まずい空気に包まれることだろう。

結局、その時は社員と喧嘩になり、暫く役も貰えず〝干された〟状態になったという。

だが、HGはあくまでポジティブであった。

「それでも僕はハードゲイを信じ続けた」

「ハードゲイが悪いものとか、葛藤することはなかった！」

「とにかく、ハードゲイが好きで信じてやってたから！」

さながら、愚直な若者の熱い気持ちを歌いあげたラブソング。

〝君〟とか〝愛〟に置き換えれば腑に落ちるが、〝ハードゲイ〟である……もはやよく分からない。とにかく、編み出したキャラクターに絶対の自信を持っていたことだけは伝わってくる。

2000年初頭にハードゲイキャラを思い付き、大ブレイクしたのが2005年。売れるまでの5年間、彼はハードゲイの研究、情報収集を重ね、キャラを練り上げていく。

「大阪における新宿2丁目的な場所に通って、色々とお話を聞いたりとか。時間もあったので、ニューハーフパブでボーイとして働くことにした。そしたら『ショーに出てくれ！』となって、マッチョな男性と女性のショータイムに出してもらった。まぁ全員男性ですけど」

偏執的なまでの飽くなき努力。

「自分は、本当のゲイではないから」

というのがその理由だが、もはや、キャラ作りというより役作り。デ・ニーロ・アプローチならぬ、〝住谷・アプローチ〟である。実にストイックだ。

それだけではない。

「やはり、スジを通さないと駄目」

と、彼の熱弁は続く。

「一応、大阪の堂山というハッテン場（男性同性愛者の出会いの場）に、昔からいらっしゃる重鎮の方に挨拶に行って。『こういうことをやろうと考えてるんですけど、色々教えてもらえませんか』と。東京に来た時は、新宿2丁目の老舗のお店に挨拶に行った」

更には、おすぎとピーコ、ピーターの元へも挨拶に赴き、許しを得たという。

ここまでして練り込まれたキャラクターは、重厚さ、つまり面白さの桁が違う。

ハードゲイは、数多のコスプレキャラ芸の中でも、最も高い精度で、緻密に組み上げられたネタなのだ（余談だが、我々も、同じ〝グラス持つ芸人〟の大先輩である、ゆうたろうの元へ挨拶しに行ったことがあったが、それはたまたま現場が一緒になったついでの行為であり、込められた誠意には雲泥の差がある）。

結果、「爆笑問題のバク天！」（ＴＢＳ）で人気に火がつき、全国的に大ブレイクを果たす。

その後の活躍はご承知の通り。

綺麗で素敵なＨＧが、正気のままハードゲイという〝狂気〟を纏うのは、さぞかし葛藤があっただろう――僕の疑問は、その前提から見当違いであった。

彼は正気ではない。

ＨＧの笑いへの向き合い方は、十分に、常軌を逸していたのである。

正統派漫才への移行

ＨＧはその狂気、もとい、熱い想いを後輩達に伝えることも躊躇しない。

「自分の生み出したキャラに誇りを持て！」

「〝フォー〟や〝ルネッサーンス〟を伝統芸にしていけばいい！」

「自分で自分のギャグに飽きたらダメ！　常に全力、１００％の〝フォー〟を心がけるんや！」

そう言っていた当の本人が、ある日、スーツ姿で普通に漫才を始めた時は、彼を尊敬してやまない僕も、流石《さすが》に顎が外れそう、いや、砕けそうになった。

正統派漫才への移行。コスプレキャラ芸人からの脱却……いや、逃亡である。

（話が違うじゃないか！）

裏切られた気持ちもあったが、正直に言うと、僕は羨ましかった。

我々コスプレキャラ芸人にとって、〝普通の漫才師〟は憧れである。

「変な格好したから売れたんでしょ？」と、見下されがちな一発屋。

奇抜な衣装や小道具を捨て去り、マイク一本、喋りのみでの勝負——再ブレイクの究極の理想形である。

それを先んじてやってのけたのは、やはりＨＧ、レイザーラモンであった。

正統派漫才に対する憧れは、

「ずっとあった」

と彼は言う。

（あったんかい！）

心の中でツッコむ。

「レイザーラモンがデビューした当時は、大阪のお笑いは劇場ブームで、お客さんは中高生の若い子達。人気があるのは、ルックスが良くて、スタイリッシュな漫才をする芸人。当時で言うとNON STYLE、キングコング、ロザンとか。我々の芸風はその逆。むさ苦しい男二人でプロレスコントとかをしてたので、全然人気がなかった。その時は反骨精神というか、『あいつらにインパクトで勝ちたい！』という思いでめちゃくちゃなコントをやったりしてた」

しかし。

「やっぱり漫才には憧れてた。格好良いなと。スーツだけ持って移動したりとか」

同感である。

荷物の大きい芸人はみっともない。芸人の実力と荷物の大きさは、反比例の関係にあるとさえ筆者は思っている。

キャラ芸人の一発屋から、華麗なる転身を果たしたHGは、2013年、コンビでの正統派漫才で「THE MANZAI」（フジテレビ）の決勝大会に進出。爪跡を残した。

一発屋では、誰も成し得なかった快挙。奇跡のリカバリー。

後を追うように、僕もスーツで漫才をしてみたが、2回戦で散った。

嫁のポルシェ

男気があり、優しく前向きで、芸人としても優秀。常に一発屋たちの先頭をひた走る。

僕のＨＧに対する尊敬の念は日に日に増し、もはや堅固な〝城〟と化していた。

あの爆音を聞くまでは。

数年前。とある番組の収録。現場にはＨＧもいた。

「お疲れさまでしたー!!」

先に出番を終えた彼が我々を残して控え室を出ていく。

収録現場は山の中のホテル。夜も深い時間帯、辺りは静かである。

「ウォン……ウォンン……ウォーーン!!」

突如、爆音がその静寂を切り裂いた。

窓の外から聞こえてくるのは、車のド派手なエンジン音……ポルシェである。

ハンドルを握るのはＨＧであった。

「やっぱ、凄いなー!　ポルシェか!!」

一発会の検証トークでは、小島よしお同様、〝2発〟に認定された男。現状がどうであれ、当時の稼ぎは相当なものだったろう。

「格好いいなー……」

感嘆の声を上げる僕に、スタッフが耳打ちする。

「あれ、奥さんのポルシェらしいよ」

（……ん？　嫁のポルシェ？）

僕の心の中で、何かがガラガラと崩れ落ちる音がした。

例の尊敬の城である。

普段の男気溢《あふ》れるＨＧの言動と、嫁のポルシェ。まさに水と油。僕は激しく動揺していた。

崩壊する城から、危機一髪で飛び出し難を逃れたポルシェが、窓の外でみるみる小さくなっていき、

「嫁のポルシェ、フォーー!!」

運転席の男の雄叫びが、山間に木霊《こだま》する……そんな妄想にかられた。

嫁の歯ブラシ、嫁の茶碗、嫁の食べかけのポテチ。我が家の〝嫁の〟シリーズはこの程度。

通常、嫁はポルシェなど持たぬ。

僕の歩んできた人生では、ポルシェを持つ者といえば、社長。

そして、ＨＧ夫人・住谷杏奈氏は、案の定と言ってはおかしいが、社長なのである。冒頭の一発会を開催した洒落たレストランも実は彼女がオーナー。

２００９年、プロレス仕事で大怪我を負ったＨＧが休業を余儀なくされるまで、彼女は専業

主婦だったが、夫が入院した翌日から仕事を探し始め、石鹸やスパッツのプロデュースで大成功。今では、年商5億。女傑である。

僕はその日、最も訊きたかった質問をHGにぶつけた。

「嫁のポルシェ、まだ乗ってます？」

「うん、乗ってる！」

何故か爽やかに答えるHG。

くどくて申し訳ないが、嫁のポルシェ……なんと〝ヒモ〟感溢れる言葉だろうか。実際彼自身、そう呼ばれた時期があった。

「確かに、ヒモと言われてた時は辛かった。プロレスで怪我して、全てがゼロになって。そこで奥さんが働いて成功すると、僕のテレビの出方は〝ヒモ芸人〟になる。プライドもあったので、『クソッ』とか、『嫌やなー』という気持ちもあった」

当時、HG自身の芸人としての月収は7000円にまで落ち込んだ。夫婦喧嘩や、奥様が嫌味を言うようなことはなかったのか。

「僕が怪我して休業した時は、一切文句も言わず、『じゃあ、今度は私が働きますわ』って感じだった」

もはや「ギャフン」と言うしかない。勿論人生初である。

「長い目で考えたら妻は人生を共にしていく女性……一緒の人生なので、持ちつ持たれつでええかな、と受け入れた時期があって。その辺から、別に嫁のポルシェだろうが、嫁のマンションだろうが、全然居心地よくなったかな」

苦難を乗り越え、より強固となった夫婦の絆。

「嫁のポルシェ乗って恥ずかしくないんすか!?」

馬鹿な質問をしたものだ。

恥ずかしいのは僕である。

以来、筆者の中で、嫁のポルシェは「一杯のかけそば」並みの〝ええ話〟となった。

一度崩れかけたHGに対する尊敬の念、心の中の城は元通り。いや、夫人に対するリスペクトが加わった分、以前より建て増しされている。

最後に聞いてみた。今の状況は失敗と成功、どちらなのだろうか。

「勿論、失敗ではない……でも、失敗しかけたとは思う。失っていったからね、仕事とか色々。怪我したときは自暴自棄にもなった。でも、挫折しかけたのを周りに助けられた。奥さん然り、相方然り。そこでプライドを捨てて、助けて貰うために手を差し出したのが良かった。変なプライドに固執して助けを求めなかったら……やばかった」

夫婦で受けた雑誌のインタビューの中で、奥様はこう語っている。

「これからは彼（HG）のプロデュースにまわろうかなと」

「いずれはビルを丸ごと借りて、ジムのプロデュースを任せたい。地下と2階をトレーニングジムにして、1階は筋肉によい食事を出すカフェにしたいな」

早晩、実現するだろう。

たとえ、それが〝嫁のジム〟でも関係ない。男とか女とか、そんな線引きは何の意味も持たぬ。

何故なら彼は稀代の一発屋……〝ハードゲイ〟なのだから。

コウメ太夫

〝出来ない〟から面白い

「彼女に10万円のバッグをプレゼントしたら〜、次の日質屋に入ってました〜」

「マラソン大会で『一緒に走ろう』と約束したら〜、序盤で裏切られました〜」

「サンタクロースだと思ったら〜、豚ロースでした〜」

「奮発して大トロを買ったと思ったら〜、赤い落ち葉でした〜」

「チャーハンだと思って食べてみたら〜、ラー麺でした〜」

とあるツイッターアカウント上での、〝つぶやき〟の数々。

全ての投稿文は「チクショー!!」という悔恨の言葉で締め括られており、逐一、「#まいにちチクショー」なる謎のハッシュタグが添えられている。

2016年3月、この一連のつぶやきが開始された当初、2000人程度だったフォロワー数は、1年足らずで3万人を大きく超えた。「今話題の」と表現しても、何の遜色も無い人気振りである。

つぶやきの主は、御存じコウメ太夫。

一発屋界の奇人である。

奇妙奇天烈な人柄は元より、どこか〝業〟や〝えぐみ〟を感じさせる不可解な逸話の数々。

天然とか不思議といった、原宿界隈で見聞きするような、口当たりの軽いポップな言葉は彼には似合わない。

やはり奇人、あるいは怪人という呼称こそがしっくりとくる。

コウメ太夫は、僕が尊敬する……いや、尊敬はしていないが、大好きな先輩の一人である。

しかし、改めて眺めてみても、独特の雰囲気のつぶやき。ひらがな感とでも名付ければ良いのか。まるで子供が考えたような内容と、その統一感の無さが気になる。

自虐的な体験談を披露していくのかと思えば、「マラソン大会で〜」などと、手垢の付いた小学校時代のあるあるネタや、「サンタクロース、豚ロース」といった駄洒落ベースのボケが来る。

「赤い葉っぱがマグロに見えた」は、ボケと言うより嘘の範疇。

お次の「ラーメンがチャーハンに見えた」に至っては、ただの〝症状〟である。

また、別の日のつぶやきでは、

「◯かと思ったら△でした」

「氷かと思ったら水でした」

……もはや、哲学の領域。

「何か人生の真理を語っているのだ」と、此方《こちら》が歩み寄らねば、理解不能で不安になってしまう。

「まいにちチクショー」に限らず、コウメ太夫のネタには総じて、この種の違和感やノイズの類が付き物である。

いわば、調律されていないピアノ。

観客は集中できず、見方がよく分からない。結果、頭に「？」が浮かぶだけ。

それは、彼自身についても同じである。

手に文字がびっしり

コウメ太夫。本名、赤井貴。

彼の奇人振りを語る人間は多い。

後輩芸人、〝ひもの〟もその一人である。一発屋の後輩の名が、「干されている」のも因果な話だが、彼はコウメ太夫のお気に入りで、よく連れ立って飲みに行くらしい。

ひもの曰く、

「コウメさんのメールは、平仮名と片仮名だけ……漢字が使われていない」

例えば、後輩を食事に誘う際は、

「ごはんいける」

「よじ　おぎくぼ　おわる　むかう　おまえ　しちじ」

自分の怪力のせいで、愛する者を抱き締めることすら許されない大男の独白、あるいは、手旗信号やモールス信号の類、ではない。

メールの文面である。

面倒臭いのか、携帯の使い方がよく分からないのか。

いずれにせよ、不親切この上ない。

以前、筆者が主催するイベントに、コウメ太夫をゲストでお招きした際。

本番前、どこか落ち着かぬ様子の彼に、

「いやいや、そんな大層なイベントじゃないですから」

緊張を解《ほぐ》そうと近寄ると、彼の右の手の平が……黒い。一瞬、

「うわっ！　蝿がびっしり!?」

とあり得ない妄想が頭を過り、ゾッとしたが、それがカンペ代わりに書かれた大量の文字だと分かって余計にゾッとした。

ネタの台詞だろうか。手の平だけでは収まり切らなかったのか、それは手の甲にまで及び、挙句の果てには、爪の一枚一枚にまで何やら文字が書いてある。

もはや、お経……子供の頃読んだ「耳なし芳一」の世界観。あの怪談話の通りに事態が進むなら、今宵、彼は右の手首から先だけを残して、化け物に喰らい尽くされる運命である。

他にも、「マスクをしたまま痰を吐いた」「薄くなって来た頭髪を蘇らすため、頭皮に女性ホ

ルモンを打っていたら、おっぱいが張ってきた」「著名な風水師から、36万円の数珠を購入」など、何かと〝えぐみ〟のある逸話に事欠かない。

芸能界のサラブレッド

僕は、一発屋芸人の中でも一際異彩を放つ怪奇芸人、コウメ太夫のルーツを探るべく、本人の元へ向かった。

場所は目黒。ソニー・ミュージックアーティスツ、通称SMA。コウメ太夫は元より、売れっ子芸人、バイきんぐを擁する芸能事務所、その一室である。

「今日はよろしくお願いします！」

「……えっ、あ……はい！」

長年の付き合い、しかも後輩である僕に対しても、いつも通り挙動不審である。

担当編集氏が用意してくれた、簡易的なコウメ太夫年表を眺めながら、

「早速ですけど、お父様が亡くなられたのは、コウメさんが7歳の時なんですよね？」

と尋ねれば、

「へー……よく覚えてますね！」

何とも嚙みあわない会話のラリー。勿論筆者は彼の父上の葬儀に駆け付けてなどいない。

「よく知ってますね！」ならまだ分かるが。

実際に駆け付けたのは、千昌夫と新沼謙治だったという。昭和の大スターの突然の登場に僕が驚くと、

「親父の葬式で二人に、『遊ぼうよー！』と言われて、『嫌だ！』って逃げたのをよく覚えてます」

（もっと何かないんかい！）

折角、大御所二人のお名前が出たにも拘らず、何ともしょうもないエピソード。以前ビンゴ大会で、「ベンツのスマホケース」が当たった時と同じ感覚を覚えた。

大スターの参列には理由がある。

実はコウメ太夫の父、故・本間昭三郎氏は、大物芸能プロデューサーであった。第一プロという芸能事務所に関わり、あの小林幸子を担当していたこともある、一廉《ひとかど》の人物である。

父親だけではない。

母親は、東映のニューフェイス1期生。芸名を深見恵子という。若くして引退したが、幾つかの映画にも出演し、将来を嘱望された女優であった。早くに夫を亡くした彼女は、日舞を教えたり、テレフォンアポインターのアルバイトをしたりしながら、文字通り、女手一つで息子を育て上げた。

大物芸能プロデューサーと女優との間に生まれた子供。言うなれば、芸能界のサラブレッド

である。

今を時めく若手人気俳優、二世タレントの経歴にも聞こえるが、正真正銘、コウメ太夫のプロフィールで間違いない。

そんな少年が、芸能の道に興味を抱くのは自然な話なのだが、残念なことに、そのきっかけは御両親ではなかった。

友人宅で偶然目にした、『スリラー』のミュージックビデオである。

幼き日から今に至るまで、彼のヒーローであり続ける、〝マイケル・ジャクソン〟との出会い。

キング・オブ・ポップのパフォーマンスに感動したコウメ少年は、

「彼のように、歌って踊る人生を送りたい！」

との情熱に取り憑《つ》かれ、以来、ムーンウォークの練習に明け暮れるようになる。

14歳の頃の話である。

夢の実現のため、人生で初めて応募したのはジャニーズ事務所。

しかし、

「最初、オーディション雑誌を散々読んで探したんだけど、ジャニーズ事務所の募集が出てなくて、住所が分かんなかったから諦めていた」

気が付けば、3年の月日が流れていたという。彼の熱意、本気度を疑ってしまうが、神はコウメ少年を見放さなかった。

「ある時、歩いてたら『ジャニーズ事務所』と書いてあるのを発見して、ここにあったんだーって」

ただ歩いていて見つかるものを3年も諦めていたのか。

犬も歩けば棒に当たる的な、ジャニーズ事務所との出会い。人生の転機となるエピソードとしては、迫力不足なのは否めない。釈然としないが、これがコウメ太夫である。

そこからの行動は、素早かった。

なんと、いきなり事務所の門を叩いて直談判を……と書きたいところだが、現実は違う。

「住所が分かったんで、履歴書を送りました」

3年越しのジャニーズ事務所にも拘らず、彼が選んだのは、ダンクシュートではなく、スリーポイントシュートである。

電信柱か何かで住所を確認したのだろう、一目散に家に戻り、履歴書を書いて近所のポストに投函した。

しかし、待てど暮らせど何の音沙汰もない。

痺れを切らした彼は、

「すいません、履歴書を送った者なんですけど……」

直接事務所を訪ねる。

（ここで行くんかい!!）

何ともチグハグな行動。父上の葬儀の件に始まり、エピソードの燃費が悪いのは、コウメ太夫の特徴の一つである。

不審者丸出しの彼に、出てきたスタッフが一言、

「勝手に来ちゃダメだよ！」

夢は潰えた。

イジられ人生

月日は流れ、彼は大学に進学する。

しかし、夢を諦めたわけではない。

「芸能オーディションを受けられる時間を延ばしたかった」

何ともモラトリアム丸出しの言い分に、脱力する。

「関東近郊の大学は全滅で……」ということで、北海道のとある大学に潜り込んだ。

北の新天地で、彼が挑戦した幾つかのオーディションの一つが、「ミスター日本」である。

コウメ太夫によると、

「高島忠夫さんと三田寛子さんが司会をしてたんだけど、質実剛健と美を兼ね備えた男が、頂

点を……みたいな」

みたいな……じゃない。

彼の曖昧な認識はともかく、その年の「ミスター日本」には2万5000通の応募があったという。

結果は落選。にも拘らず、彼はテレビの取材を受け、ダンス審査に臨む勇姿が、ローカル局で放送されたそうな。

別に、光る何かがあった訳ではない。

「事務局に届いた履歴書の1通目が、僕のだったみたいで……」

新聞に大きく掲載された募集広告に、いち早く反応したのがコウメ青年だったのである。謂わば、正月の福男レース。少なくとも、その年、日本で最初にミスター日本になりたいと願ったミスターだったのは間違いない。

だが、これがまずかった。

テレビを観た、当時、彼が大学で所属していた陸上部の先輩が、

「お前、陸上やってるのに、何でミスター日本とか出てるんだ、コノヤロー!!」

と何故かお怒りに。

結果、コウメ青年はハードな〝イジり〟のターゲットにされてしまう。

「もう逃げてました。部員の足音が聞こえたら下宿からサーッと」

陸上部で鍛えた脚力がここで役立つとは皮肉である。

「僕の下宿に陸上部の先輩や後輩達がやって来て、飲み物におしっこ入れられたり、テレビを盗まれたり、時計を盗まれたり……あっ、あと、スリッパにシャンプー入れられて凄くぬるぬるした！」

〝被害ランキング〟を、1位からオープンして行くという、芸人失格のミスに加え、

「香りは悪くなかったけど……」

と無用のフォロー。

筆者がその全てに目を瞑り、

「それ、いじめじゃないですか⁉　大学生にもなって‼」

と、憤慨してみせると、

「しょんべん嫌だったなぁ」

〝おにぎりおいしかったなぁ〟と同じ節回しで、大学時代を振り返る彼に悲愴感はない。

本人の自覚は薄いようだが、彼の人生は、イジられることの連続であった。

とある雑誌のインタビューで、「子供の頃は周りに友達が沢山集まって来た」と語っているが、よくよく訊けば、

「何かあると、『お前バカだろ？　学校の中で一番バカだろ！』と言われてましたね」

やはり、イジられると言うより〝いじめ〟。

集まって来たのは、友達だけではなかったようだ。

周囲にからかわれる度に彼は、

「おう！　そうだよそうだよ‼」

と、ひたすら〝認める〟という斬新な方法で、敵を撃退していたという。

中学の半ばには、転校を経験。おかげで、数少ない親友と呼べる人間とも疎遠になった。

「転校先では、大丈夫でした？」

暗に、いじめの有無を尋ねると、

「うーん……あれは、いじめって言うのかな……」

少し考えた後、

「窓に押し付けられてガラスが割れて、その弁償代を僕が払わされたことはありましたね」

（それーーー‼）

心の中でツッコむ。

しかしここでも、当時を思い返す彼の表情には、悲しみや怒りは感じられない。

「何をやられても、『芸能をやりたい！』という方に頭がいっていたから、死にたいとかは思わなかった」

幼き日に抱いた夢が、彼を強くした。夢の大切さ、と言うより、マイケルの偉大さが身に沁みる。

和風オーディション

結局、彼は大学を中退する。

「好きなオーディションを受けられなくなったから」

というのがその理由だが、原因は、勿論、陸上部の〝イジり〟である。

学校での居場所が無くなり、オーディションどころではなくなったのだ。

「毎月雑誌に書いてある応募先に、履歴書をバサバサ送ってました」

オーディションは彼の命。

憧れのマイケルのように、歌って踊る人生を一刻も早く手に入れなければ……その一念が、彼を衝き動かしていた。

大学中退後、幾つかの芸能事務所を転々とした後、梅沢富美男が主宰する劇団のオーディションに合格する。

22歳の時であった。

それにしても、ジャニーズ→ミスター日本→大衆演劇……何やら双六《すごろく》がおかしい。

怪訝な僕の表情に気付いたのか、

「なかなか芽が出ないので、ここは一つ、ジャンルの違う〝和風〟のところを」

と説明してくれる。

……和風？

「それまでは、〝洋風〟ばっかりで、〝和風〟のオーディションを受けたことなかったから」

初耳の価値観だが、とりあえずドレッシングやハンバーグの話ではなさそうだ。

要するに、彼はオーディションを〝洋風〟と〝和風〟で分けており、マイケルに憧れる身としては、和風は違うと、避けていたのだが、

「お袋がいつも、『お前の顔見てると、洋風じゃない。和とか狙ってみたら？』って言ってたから」

母の適切な助言もあり、人生初の〝和風オーディション〟を、見事に突破した……という話である。

これが、望外に好待遇であった。

毎月給料が出るし、公演がある日は、食事代として現金4000円が支給される。

しかし、2年後、その待遇を捨て、彼はお笑い芸人に転じた。

「このままここに居ても、トップである梅沢さんを超えることは出来ない」

さすが一度はミスター日本を目指した男。言うことだけは一丁前である。

だが、現実は甘くなかった。

「最初は、フリーで一人でやり始めたけど、行く先々で、コテンパンにダメ出しされた」

一人での活動に限界を感じた彼は、

「やっぱり相方探した方がいいなと……で、ダンスをやってる女の子とコンビを組んだ」

お笑いコンビの結成話は、「学生時代からの友達で」「養成所で知り合って」「バイト先に、面白いヤツいるなと思って」といった辺りが定番である。

しかし、コウメ太夫と最初の相方との出会いは、

「知り合いの松竹のプロデューサーさんの紹介で」

初めて聞くパターン。合コンの話でも聞かされているのかと錯覚する。

そもそも始めたての芸人に、プロデューサーの知人など普通いない。勿論、大物芸能プロデューサーだった父上が築いた人脈である。

更には、

「僕、昔から、マセキ芸能社の社長さんと仲がいいんですけど……」

と、これまた亡き父上のコネを使って、お笑いライブへの出演を果たす。

忘れていたが、彼はサラブレッド。

漫画『おぼっちゃまくん』にありそうなエピソードだが、コネ頼りの急造コンビがウケるはずもなく、ステージは大スベりしていた。

〝していた〟と言うのも、筆者は偶然その場に居合わせていたのである。勿論、我々駄馬は、正規のオーディションを突破した上での出演。いや、我々に限らず、他の芸人も同様である。

更に、間の悪いことに、コウメ太夫のコンビは、ゲストコーナーでの出演であった。

「何であんな奴らが、ゲストなんだ！」

楽屋の芸人達の顰蹙《ひんしゅく》を買ったのは言うまでもなく、コネ出演の件も明るみに出て、

「ライブを仕切っていたマセキ芸能社のマネージャーにコテンパンに怒られました」

自業自得である。

初めてないがしろにされたオーディションの神の逆鱗に触れたのかもしれぬ。

「結局、相方は、お笑いよりダンスをやりたいと言って辞めていきました」

その後、何度か相方を替え、結成と解散を繰り返すも、

「どこに行っても全くウケなかった」

と本人が振り返る通り、結果の出ない日々。

実際、前述の初舞台も含め、何度か彼と同じ舞台に立った僕の記憶の中でも、〝駄目な人達〟との印象が強い。

コウメ太夫誕生

再びピン芸人に戻った時には、既に33歳。お笑いを目指してから、8年の歳月が経っていた。

一人に戻ると、すぐに、

「女形なんて他にやっている人もいないから物珍しくていいだろうと」(「週刊実話」2009年11月7日号)

〝ゴウメ太夫〟が誕生する。

梅沢劇団時代に習得した踊りと白塗りの女形が、ここで活きたわけだ。

半年後には「エンタの神様」(日本テレビ)のプロデューサーの目に留まり、出演が決定。トントン拍子にレギュラーの座を射止め、大ブレイク。

〝一発〟を成し遂げたのである。

マイケル・ジャクソンに憧れた少年が、自虐ネタを言い、チクショーと悔しがる白塗りの女形になる……人生とは数奇なものだ。

マイケルへの憧れはその後、ジャクソン太夫なる新キャラで昇華された。幼少時代特訓したムーンウォークに対する努力も、なぜか相模原で開催されたムーンウォーク世界大会で準優勝を飾ったことで、幾らか報われただろう。

ブームはすぐに過ぎ去ったものの、実家が不動産屋であるマネージャー氏の助言により、アパート経営を始め、現在は収入も安定している。勝ち組である。

そんな彼の浮草のような、それでいて最後には勝っている人生に思いを馳せる時、僕はとある映画を思い出す。

『フォレスト・ガンプ』である。

ただただ愚直に、流されるまま今に辿り着いた芸人、コウメ太夫。

僕には、見える。

ベンチに座り、チョコレートの箱を膝に載せ、バスを待つ彼の姿が。

本人は嫌がるだろうが、あえてこう呼びたいのだ。コウメ太夫は、和製……いや、〝和風〟フォレスト・ガンプなのだと。

映画であればエンドロールだが、人生は続いていく。

生活には困らない。だが芸人としては一発屋の烙印を押されてしまった。

そこに、バスが来た。

〝出来ない〟から面白い

「コウメ太夫で笑ったら即芸人引退スペシャル」（「テベ・コンヒーロ」2012年 TBS）

この番組への出演で、彼の運命は再び変わる。

タイトル通り、ロンドンブーツ1号2号、おぎやはぎ、有吉弘行らスター芸人達が、コウメ太夫のネタを見て、もし笑ってしまったら芸人を引退する……という触れ込みの企画。

この企画の大前提は、

「コウメ太夫＝つまらない」

という共通理解である。

そんなコンセンサスが芸能界のみならず、全国民に得られている芸人など他にはいない。コウメ太夫だからこそ、成立する企画である。

そもそもおぎやはぎの矢作氏が、雑誌のインタビューで、

「コウメは、ズバ抜けて出来ない！」

と語る通り、彼は〝出来ない芸人〟である。

例えば、番組でも披露された、コウメ太夫のネタのレパートリーの一つ、「チクショー1週間」。

スケッチブックには、幼稚園児が描いたような下手糞な絵。それを紙芝居風に捲りながら、ロシア民謡の「一週間」の替え歌を披露するのだが、これが酷い。

「月曜日は、離婚通知書が来て」

「火曜日は、籍が抜かれて」

「水曜日は、シングルファザー」

「木曜日は、窓から落ちる」

「金曜日は、トラックに轢かれー」

「土曜日は、はーたーんー（破綻）」

月曜から木曜は実体験。所謂、自虐ネタだが、始める前に何の説明（フリ）もないので、体

験談なのか創作なのか判然としない。結果、

「閉まっていると思って寄りかかったら、窓が開いてて二階から落ちた」

と本人が語るように、折角の実話、笑える間抜けエピソードである木曜も、本来の実力を発揮出来ない。

金曜になると、例によって小学生のような嘘。ボケだとしても、正直、面白いとは言いかねる。

とにかく、無茶苦茶なのである。

加えて、

「ネタ中に咳き込む」「チクショーの言い方がやる度に変わる」「ネタに関係のない数珠や指輪を身に付けている」など、コウメ太夫の「出来なさ」の数々が、見る側の集中を削ぐ。

たまに、〝バカ殿〟になるのも酷い。

ただでさえ、白塗りメイクであの声である。ネタ中はまだしも、急に話を振られると、

「あれ……あの……あたしゃねー」

と口調が完全にバカ殿化する。

漫才中のボケが一つ、他と被るだけでも、顔を赤くしたり青くしたりするのが芸人なのに、全国民が知る偉大な先達の代表的キャラクターと被るなど、普通なら、あり得ないし、起こり得ない。

彼には、芸人なら本能的、あるいは経験則的に備わっている筈の常識や回避能力……〝反射〟がないのである。

言ってみれば、指で突かれても、目を見開いたままの人間。まるで、恐怖心がないようにさえ思える。

そうでなければ、

「たこ焼き買ったら、1個足りませんでした……チクショー!!」

そんな弱い武器で、舞台に上がることなど出来ない。

少なくとも、僕には。

失礼を承知で言えば、全てが的外れ。

しかし、言い方を変えれば、「必ず的を〝外せる〟」ということでもある。

一度「的を外すことが正解」とルール改正が行われれば、全てが正解になるのだ。

「コウメ太夫で笑ったら芸人引退」企画は、そのルール変更を行い、それまで同業者である芸人が、〝裏の笑い〟として楽しんでいたコウメ太夫の唯一無二の「出来なさ」を、お茶の間でも味わえる「面白いもの」として提供したのである。

番組は、芸人達も、そしておそらくは視聴者もコウメ太夫に大爆笑し、

「コウメ太夫のネタを見ると芸人は全員笑う!」

と結論付け、幕を閉じた。

〝まかない飯〟が、正式メニューに採用された瞬間である。

とは言え、勿論、ネタではない。

芸人として「駄目過ぎる」コウメ太夫という人間が面白いのだと、新たな見方を示したのである。

今や、

「今回も意味不明だったなー!!」

「次は、どんな駄目な振る舞いを!?」

むしろ「出来なさ」を期待される状況。

「コウメ太夫を面白がれないやつはセンスがない!」

そんな空気さえ醸成され始めた……気がする。

彼の「イジられ」としての価値も高騰。僕如き、凡庸なコスプレキャラ芸人では、手が出ない。

イジって良いのは、本当のスター……〝出来る〟人間だけなのである。

もはや異次元の存在となりつつあるコウメ太夫。

彼のマネージャー氏は語る。

「コウメの素晴らしいところは、お笑いに対する考えが柔軟だってこと。どんなアドバイスでも、必ず一度は愚直に試してみる。頭の硬い芸人には必ず話してます。『コウメ太夫を見習え』

と」

後輩芸人のひもののも、

「コウメさんはいつも新ネタを考えている」

と、尊敬の念を口にする。

その証拠に、ジャクソン太夫、イタコ太夫、ロック太夫……嘘かまことか、彼は100の〝太夫〟を持つ。

そのどれもが、完成度は低い。

しかし、それが面白いのである。

親子で「チクショー」

最後に彼の父親としての一面を書こう。

離婚を経験し、現在独身のコウメ太夫は、母と息子との三人暮らし。子育てに関しては、悪戦苦闘の日々である。

ある時、学校に呼び出された。

「息子さんが一日中『チクショー』と叫び続けてるから、止めさせてくれませんか？」

担任曰く、連日、教室で叫んでいるらしい。親子揃って〝まいにちチクショー〟というわけだ。

「僕がたまに出るテレビの録画とかを、息子が面白がってずーっと見てたんですよ。何時間も。それで、覚えちゃったみたい」

父のネタを息子が……聞きようによっては美談だが、彼は常日頃から、父親がコウメ太夫ということを周りに言わないよう、息子に申し渡しているらしい。

ひものによれば、

「コウメさんは、『お前の親父、コウメ太夫なんだろう？　チクショーとか言え！』と息子がいじめられるんじゃないかと心配で、家の外では、自分がコウメ太夫ということを言ってないんです」

分かる。僕もそうだ。
結局彼は、自分の正体を知られるのを恐れるあまり、
「『チクショー』って言っているそうですが、あの『チクショー』じゃない……ただの『チクショー』なんです」
と訳の分からぬ弁明をしたそうな。多分、もうばれてる。

帰宅後、パパ太夫は、

「学校では、チクショーって叫ばないようにね」

担任との約束通り、息子に注意した。

息子は一言、

「うん」

と頷《うなず》いた。

コウメ太夫……不世出のポンコツ芸人、誰にも真似できぬ唯一無二の存在。

〝まいにちチクショー〟の中にこういうのがある。

「階段を上っていると思ったら〜、下がってました〜」

逆もまたしかり。

「階段を下っていると思ったら……上ってました」

彼の人生そのものではないか。僕にはそう思える。

何より、息子は、「父がコウメ太夫」であることを、

「チクショー!!」

とは思っていない。

どうやら彼は〝良き父親オーディション〟には、無事合格出来たようである。

審査員は自分の息子……コネではあるが。

テツandトモ
この違和感なんでだろう
adidas
Morris
Morris

「M－1グランプリ」ファイナリスト、「紅白歌合戦」出場、新語・流行語大賞……。一発屋界のレジェンド、テツandトモ（以後テツトモ）。彼らが手にして来た栄冠の数々、華々しい経歴のごく一部である。

紅白では、「佐賀県なんでだろう〜スペシャル合体バージョン〜」を、お笑い芸人はなわと共に歌唱し、白組の勝利に貢献。当時人気の「爆笑オンエアバトル」（NHK）の出演者、ダンディ坂野やアンタッチャブルといった面々も駆け付け、後々、定番企画となる〝その年流行した芸人による応援枠〟の原型となった。おかげで我々髭男爵も、2008年の紅白において、司会の中居正広、仲間由紀恵のお二方と乾杯をする栄誉に与《あずか》る。テツトモ様様……有難い。

お笑い芸人のギャグやフレーズが流行語大賞にノミネートされるのは、今や年末の風物詩。これが恒例となったのも、テツトモの「なんでだろう♪」が2003年度の〝年間大賞〟を獲得したことと無関係ではあるまい。

「流行語大賞なんて一発屋そのものじゃないか！」

などと揶揄する声も、むしろ心地よく響く。後世に受け継がれる、〝ジンクス〟を生み出すほどの社会現象だったことの証明に他ならないからだ。

テツトモは、一発屋の身に降りかかる悲喜こもごも全ての始祖……〝一発屋界のアダムandイブ〟と呼んで差し支えない。

そんな二人は近年では、「営業」というキーワードで語られることが専らである。

地方の市民会館やお祭りイベント、企業パーティーにショッピングモール。日本全国、津々浦々、様々な場所に招かれ、ネタを披露し盛り上げる芸人の〝営業〟。

テレビ露出が激減した我々一発屋にとって、営業は生命線、生活の糧……重要な仕事である。

だがそれも、世間の皆様にかかれば、

「テレビに出なくなっても、営業で稼げるんでしょ？」

「一回売れたら、営業で食べていけるからいいよねー！」

一見評価しているようにも聞こえるが、テレビ等のメディア仕事に比べ、〝二軍感〟漂う認識となる。

いや、世間だけではない。

東京や品川の新幹線のホーム。偶然出くわした顔見知りの売れっ子芸能人に、

「おー！　今日どこ？」

などと尋ねられれば、

「えっと、あのー……大阪です」

と少々口籠る。

「へー、ロケ？」

「あの、いや……営業なんですけど」

肩身の狭い思いをしている自分にも辟易するが、それにも増して、

「悪いこと訊いちゃったな……」

という先方の表情が堪らない。

結局のところ、世間的にも本人的にも、「売れない人間が行くドサ回り」という思いがどこかあるのは否めない。

しかし、アダムとイブ……もとい、テツとトモの二人は違う。

そもそも、先述の「近年では、『営業』というキーワードで語られることが……」の一文は、彼らの惨めさを伝える為のものではない。

むしろ、その逆。

テツトモの二人は、営業という、ともすれば蔑まれがちな仕事に光を当て、メディア仕事に劣らぬエンターテインメントであることを実証した稀有な一発屋なのである。

淀みなきステージ

「えーーーーー!?」

取材の為に訪れた、テツトモの二人が所属するニチエンプロダクション。その一室に筆者の声が響き渡る。今現在の営業の本数を伺うと、

「二日に一度くらい……年間で、大体百八十本くらいかな」

その尋常ではない数に驚いたからだ。勿論、今日に至るまで多少の増減はあったろうが、「なんでだろう」の流行から15年ほど経った今でも、彼らへの営業のオファーは留まるところを知らない。

長きに亘り、それだけの数の営業をこなし、皆の街へ笑顔を届ける様は、Ａｍａｚｏｎ顔負け。見方を変えれば、「日本人が生で見たことがあるお笑い芸人ナンバーワン」とも言える。もし〝肉眼視聴率〟なるバロメーターがあれば、テツトモの二人は間違いなく断トツの一位。ある意味、視聴率男である。

こうなると、「テレビの露出が減った」と言うより、「営業が忙しすぎてテレビに出る暇がない」と言った方が正確かもしれぬ。もはや、只の売れっ子なのだ。

本数、つまり量だけではない。

当然、質も伴っている。

「テツトモの営業は凄い！」

芸人仲間のみならず、

「お客様もスポンサーも、リピート率が高い！」

イベンター方面からの〝モンドセレクション金賞〟的絶賛の声は後を絶たない。

かくいう僕も、二人の営業ステージを拝見する機会に何度か恵まれたが、お見事の一言に尽きる。

「私の名前は中本哲也ー、ちょっと面長、いい男ー♪」

動き回る赤ジャージのテツに、青ジャージのトモによるギターの伴奏と歌声。

自己紹介が終わると、流れるようにショートコントへ移行。得意の顔芸や、テツの顎の上にのぼり旗など様々なモノを載せるアクロバティックな芸も披露する。

会場が十二分に温まると、満を持して「なんでだろう♪」が繰り出され、盛り上りはピークに。ステージの大トリは、

「二人で決めて、デビューした時から続けている」という、真面目な歌唱。

「いや、おじさん二人のカラオケ?」

との指摘は当たらない。

後述するが、二人揃って、〝のど自慢〟出身者。決して「趣味特技・歌」ではないのだ。彼らの圧倒的歌唱力を前に、客は皆聞き惚れ、ウットリとした表情。

とにかく、一連の流れに、一切淀みが無い。大満足のステージである。

さて、やはり最も盛り上がる、彼らの十八番「なんでだろう♪」だが、そもそもこのネタ、「今まで誰も言語化出来なかった」とか「痒い所に手が届く」といった昨今主流の、重箱の隅

を「突き破る」ようなあるあるネタではない。

「小学校の机に給食のパンを詰め込むヤツ、なんでだろう♪」

「運動会のリレーで手を回しながら走るヤツ、なんでだろう♪」

正直、深さはない。

しかし、その浅さと広さが万人を分け隔てなく楽しませてくれる。海深く何十メートルも潜るフリーダイビングではなく、〝潮干狩り〟。老若男女問わず、何世代もの人間を温かく、ほのぼのとした気分にさせてくれる。

とりわけ、営業において披露される「なんでだろう♪」には特筆すべき点が。それは、その土地土地に合わせて入念にアレンジされた、〝特別なあるある〟を盛り込んでいるということ。訪れた先の地方や企業の〝あるある〟をネタに取り入れる……それ自体は別段珍しい手法ではない。多かれ少なかれ、芸人は皆実践している。

しかし、テツトモの場合、その熱の入れ方が半端ではないのだ。

あるあるの〝裏取り取材〟

「現場に行ってからが勝負だから、俺達!」

とトモが鼻息荒く語るように、

「イベント開始前、主催者の方に控室に来て頂いて、30分ぐらいお話を伺う。その街や、企業について」

雑談ではない。仕事として、正式に取材する。

「以前は、営業先に行く前にネットでその土地のことを調べて、あるあるとして言ってたけど、全然盛り上がらないことがあった。地元の方に『そんなことないですよ』と言われたり。結局ネット情報だと本当のところが分からない」

ネットと現実の乖離。

何かのシンポジウム、討論のテーマではない。お笑い芸人の営業の話である。

「大切なのは、複数の方に訊くこと。まずネット、そして地元の方。時間があれば、もう一人。全員が同じことを言えば、間違いなくあるあるといえる」

言うなれば、あるあるの〝裏取り〟。市町村、果ては職場レベルのあるあるに肉迫して行くプロ意識は、ジャーナリストか刑事のそれである。

「例えば、僕は山形出身。地元に来た芸能人が、『僕の田舎のことを何でこんなに知っているの？』となると嬉しい。そういう空間を創るのが大切。企業さんでの営業なら、会社のHPにあるような情報を聞かされるより、『営業部の○○さんが△△なの、なんでだろう♪』の方が断然嬉しい。勿論、その方の了解を得てやりますけど」

訪れた土地で、地のモノを使い、素晴らしい料理を生み出す。あるあるの地産地消。流離《さすら》いの腕利きシェフである。

実は筆者は、件《くだん》の取材の現場にも遭遇したことがある。

とあるビジュアル系のバンドのイベントにゲストで呼ばれた時のこと。その日は、バンドのボーカルの方の生誕祭であった。

僕が現場に着くと、同じくゲストのテツトモの御両人が既におり、取り調べ……もとい、取材の真っ最中である。

真剣な表情のトモが、

「○○さんは、ドラキュラなんですよね？」

彼の正面に座る、バンドのボーカルの男性は「吸血鬼の設定」らしい。

「○○さんの〝なんでだろう〟か……うーん」

何だこれ……？

突如出現した、リアル『インタビュー・ウィズ・ヴァンパイア』な光景を横目に僕が衣装に着替えていると、

「それいいですね!!」

興奮したトモの声が響き渡る。

「じゃあ、『○○さんは、ドラキュラなのに、ニンニク好きなのなんでだろう♪』とかどうですか？」

すると、吸血鬼の風上にも置けぬ味覚のボーカル氏も、

「いいですね！」

……いいですねじゃない。

そんな綿密な取材に裏付けられた淀みの無いテツトモのステージ構成は、過去に劇団で演出も手掛けていたトモに依るところが大きいが、それを具現化するテツの〝動き〟もまた尋常ではない。

無言で動いている時のテツの身振り手振り、顔芸は、イギリスの名優、ローワン・アトキンソン演じる「Mr.ビーン」を連想させる。何処か可愛らしく愛おしいその姿に、笑わずにはいられない。

ときには1時間に及ぶというステージを、ほぼ台詞なしの動きだけで飽きさせず成立させるのは、もはや神業。それが出来るのは、日本では、中本哲也（テツ）か熊川哲也（バレエダンサー）の両哲也くらいであろう。

真逆の性格

かように完成度が高く、息もぴったりの芸を披露するテツトモの二人だが、性格は真逆である。

ネタ中の動き回るテッしか御存じない方は意外だろうが、本来彼は物静かな人間。楽屋で一緒になると、ほとんど喋らない。趣味の刺繍に勤しむ老婦人のような佇まいである。

反面、トモは普段から騒がしい。人の話にもギター片手に絡んできて、オチの部分で「ジャカジャン」と掻き鳴らしたりする。

そんな正反対の二人。学生時代からコンビを組んでお笑いをやっていた……わけがない。

中本哲也は、滋賀県出身の46歳（トモも同い年）。

小さい頃から歌うことが大好きで、小学校6年生の時には、「全日本選抜ちびっこものまね紅白歌合戦！」（テレビ朝日）なる番組に出演したこともある。共演した〝ちびっこ〟の中には、紅白14年連続出場中、「ご当地ソングの女王」の異名を持つ、あの水森かおりもいたというからレベルの高さが窺える。番組で歌ったのは、五木ひろし。父の影響でファンとなり、未だに彼のヒーローである。

中学2年生の時には、素人名人会で『恋人よ』を歌い、名人賞を獲得。歌手の道へまっしぐらといった感じのテツ少年は、高校進学後は芝居にも目覚め、文化祭のクラス対抗演劇では主役を演じた。

対してトモこと石澤智幸は山形県出身。小1で詩吟を始め、小5ではオーケストラに所属。トランペットを担当する音楽少年であった。

彼もまた、高校では演劇部に入り、部長まで務める。役者だけに止まらず、演出も手掛けるなどマルチな才能を発揮。高1の時には、所属する演劇部が県大会で優秀賞を受賞。ちなみにトモも「NHKのど自慢」での受賞経験を持つ。

そんな二人が出会ったのは、日本大学藝術学部。4年間同じ演劇学科だったが、活発なグループに属するトモに対し、テツは大人しいグループ。

単なるクラスメイトだった二人を繋いだのは、やはり歌だった。お互い、歌手を目指していたこともあり、その一点では気になる存在。オーディション情報などを交換し合うようになり、クラスの飲み会でカラオケに行けば、「あずさ2号」をデュエットし盛り上げた。

大学在学中にトモは劇団を立ち上げる。トモの劇団にテツが出演することもあったようだが、卒業後は役者として別々の道を歩んでいた。

時は流れ、27歳の時。

大学時代の同級生の結婚式で、余興として「サライ」の替え歌を披露したテツとトモを、たまたまその場に居合わせた現所属事務所の人間が見初めスカウトする。

テツandトモの誕生である。

後に営業で名を馳せることになるテツトモのコンビ結成のきっかけが、余興だったことに運命を感じずにはいられない。新郎新婦には申し訳ないが、僕的には、ケーキ入刀より注目すべき〝初めての共同作業〟である。

さて、思いもよらぬお誘いに、

「歌手になる夢が叶う！」

スーツを着込み、喜び勇んで事務所を訪問すると、

「芸人にならないか？」

アテが外れた。

当時二人の所属した事務所は、お笑いを手掛けようと考えていた矢先。光栄にもその第一号に選ばれたわけだが、本人達は戸惑い、2か月間程、誘いを固辞し続けたという。しかし、

「もし売れたら、演歌も歌えるぞ！」

餌をぶら下げられ、ついに陥落。

芸人の道を歩むべく腹を括った。

二人を結成の年から20年間支えてきたマネージャーの川田女史は、稽古場で悪戦苦闘する当時の二人を覚えている。

「あの頃は、誰かが書いた台本を練習していました。もう何も分からないから、〝やらされてる〟感じ。二人にコントの感想を求められ、『どこで笑ったらいいか分からない』と思わず言ってしまったくらい……」

オーディションも落選続き。

結果が出ない、手応えの無い日々に、

「こんなに上手く行かないのなら、好きな音楽をやろう！」

逆に吹っ切れた二人は、遂に「なんでだろう♪」のネタに行き着くのである。

以後、面白いようにオーディションに受かり始め、先輩芸人達にも褒めてもらえるようになる。その中には、かの立川談志師匠もいた。

そして、2003年。

人気アニメのエンディングテーマに抜擢された『なんでだろう♪〜こち亀バージョン〜』が二十万枚の大ヒット。同年末には新語・流行語大賞、紅白と、二人は〝一発〟を打ち上げた。

ようやく実った苦労。

「芸人の先輩もいない事務所で、年下の私に色んなこと言われても腹を立てず、素直に、真摯に芸に向き合ってきた」

川田マネージャーの頬に、一筋の涙が……嘘である。

そもそもテツトモの二人に、「長い下積み生活を経て、ようやく売れた」といった浪花節的ストーリーなど存在しない。

確かに二人とも、〝苦節顔〟。

しかし、それは生まれつきである。

彼らは、むしろエリート。

スーパールーキーだったのだ。

井の中の〝イグアナ〟

「いや、そんなはずないでしょ！」

筆者が本日二度目の驚きの声を上げたのも無理はない。

大先輩だと思っていたテツトモの二人のデビューの年が、1998年だったからである。

我々、髭男爵は99年。年齢こそ5歳ほど僕より上だが、芸歴は1年しか違わない。だが、僕がデビューした時、テツトモは「爆笑オンエアバトル」を皮切りに、既に深夜のネタ番組などに顔を出し始めていた。

加えてあの〝苦節な〟風貌と芸風。

紛らわしいにも程がある。

「コンビを組んだ翌年に『オンバト』が始まり、すぐに出られた」

「『めちゃイケ』（「めちゃめちゃイケてるッ」フジテレビ）で僕達のコーナーが出来たのが2002年……バイトはしなくて済みました」

二人の証言を纏めれば、トントン拍子である。

売れた売れないの線引きは人それぞれだが、「飯が食える」というのは大きな基準の一つ。その意味で、テツトモが売れるのは早かったと言って間違いない。

よくよく計算すれば、「なんでだろう♪」に辿り着くまでの年月も、結成から半年足らず。

つまり、殆ど最初から今のスタイルなのだ。

僕が、シルクハットを被るまで10年近くかかったのに比べ、展開が早過ぎる。

歌手志望の二人がお笑いを始め、デビューして間もなく〝飯が食える〟ようになり、数年後に一度とは言え頂点に上り詰めた。通常なら有り得ない。ツルハシの最初の一振りで、

「カキーーーン！」

金鉱を掘り当てるのと同じ確率。

実際、知れば知るほど、テツトモの二人は〝異質〟な芸人である。

「なんか、〝ダサい〟人達だなー……」

デビュー1年目の僕が、テレビに映る彼らを初めて拝見した時の率直な感想である。

先輩に失礼だが、訊けばテツも、

「いや、超ダサかったと思う！」

自覚があったようだ。

事実、当時のお笑い界、特に若手芸人の世界を見渡しても、テツトモの二人は群を抜いて〝ダサかった〟。

あの頃の若手芸人シーンは、ポップ至上主義。女子高生に「ワーキャー」言われるお洒落な格好と、スマートなネタを披露する芸人が人気を獲得していた。

そんな時代に、ギター片手にジャージ姿。古いタイプの「苦節顔」。とてもじゃないが、売れる方程式に該当するスタイルではない。

歌ネタの節回しも、若者らしいポップさは皆無。かと言って「あえてやっているんだ！」という〝戦略的な昭和回帰〟でもない。

実際、オーディションの度に、

「ジャージはダサいから脱げ！」

「そんな子供に媚びるような幼稚な動きはやめろ！」

「君達のはお笑いじゃない！」

散々駄目出しをされたという。

加えて、先述のとおり、芸人も事務所もお笑い初心者。全員が手探り状態というその環境もまた〝異質〟であった。

本来なら、不安しかない局面。

だが前向きに捉えると、無用な〝雑音〟をシャットアウト出来たとも言える。

普通、身近な先輩のアドバイスを完全に無視することは難しい。そんなことをすれば摩擦を生むし、「生意気なヤツ！」と疎まれもしよう。自由に見えるこの業界にも、セオリーから外れたことをやり辛い空気は少なからず存在する。たとえ善意であっても、駄目出しやアドバイスという名の横槍が入ると、実を結んだかも知れない素晴らしいアイデアも削られ、失われるリスクがある（勿論、良くなる場合も多々あるが）。

テツトモにはそれが無かった。オーディション時の駄目出しや、ライブや番組で共演する人間の意見も多少耳には入るだろうが、日常的に晒されることはない。

一般的なお笑い界から隔絶された環境で、のびのびと〝閉鎖的に〟笑いに取り組んだ結果、その芸は、独自の進化を遂げた。

謂わば、芸風のガラパゴス化。

ガラケー（携帯）が失った競争力も、ガラゲー（芸）ならむしろ倍増。

テツトモは、「井の中」とも言える環境で、蛙《かわず》ではなく、イグアナになったのである。

「ペケ×ポン」のトラウマ

そんな彼らの〝進化〟を支え続けたのが、前述の川田女史。マネージャー歴20年の全ては、テツトモに捧げられた。

「二人とも、私が言わないと健康診断行かないんですよ！」

不満げに語る彼女の表情は母のよう。言葉の端々に二人への愛情が垣間見える。

そんな彼女だからこそ、ブレイク後、テツトモが一発屋と呼ばれることへの葛藤は本人達以上に大きかった。

「当時は一発屋特集の依頼があったら、なるべく避けたいという気持ちが正直ありました」

一発屋扱いされた記事を目にすると、

「なんでこんなこと言われるの⁉」

と憤った。

客席からの「まだいるの?」というキツめの野次に、

「まだまだ頑張りますよー!」

と健気に返す二人の姿を、見守るしかない自分を情けなく思ったこともある。

しかし、ある番組をきっかけに、

「一発屋? いいですよ! どうぞどうぞ!」

と彼女の心境は変わった。

その番組は、「ペケ×ポン」(フジテレビ)。くりぃむしちゅー、タカアンドトシ、柳原可奈子など、人気芸人が出演したバラエティー番組である。

その中で、一発屋芸人達が集められた別室、「旬じゃないルーム」をスタジオでクイズに負けた芸能人が訪れ、罰ゲームとして芸人達のギャグやフレーズを全力でやらされるという定番コーナーがあった。

3か月、あるいは半年に一度しか呼ばれぬ我々とは違い、テツトモの二人は、そのコーナーのレギュラー的存在。一応、その日部屋にいる芸人全員のギャグはやるのだが、最後は必ず

「なんでだろう♪」で締めるのが恒例であった。実に6年もの間、テツトモの勇姿がゴールデンタイムのお茶の間に届けられることになる。

「ペケ×ポン」での二人の奮闘ぶりに、

「一発屋と言われることって、本当はスゴイこと、頑張った証《あかし》じゃないか」

と前を向けた川田女史。

彼女の美しい思い出に水を差すのは心苦しいが、ある時、「旬じゃないルーム」で、事件が起きた。

その日の番組のゲストは、阿部サダヲさんと、芦田愛菜ちゃん。大人気ドラマ、「マルモのおきて」（フジテレビ）の番宣である。

「旬じゃないルーム」を訪れたのは愛菜ちゃん。国民的人気者の到来に沸きに沸く、我々一発屋達。ギャグを愛菜ちゃんが次々と真似し、大いに盛り上る。

そしていよいよラスト。

テツトモの出番である。

「なんでだろー、なんでだなんでだろー♪」の部分を「日曜日ー、9時放送ー、マルモのおきてだよー♪」と替え歌にする。

しかしなにぶん、ぶっつけ本番。

途中、愛菜ちゃんが上手くリズムに乗れなくなり、釣られて、テツも言い淀む。

次第に展開がグダグダになってきたその時、

「お前がちゃんとやれよ!!」

トモの、ツッコミと呼ぶにはあまりにも剝き出しの苛立ち……怒りが爆発した。

一気に緊張感を増す「旬じゃないルーム」。息を呑む一発屋の面々。何より、天才子役の顔が引きつるのを筆者は初めて見た。

以来、トモがどれだけニコヤカに振る舞っていても、

(本当は〝あれ〟なんだ……)

未だに、あの空気が忘れられない。

一体あれは何だったのか。僕のトラウマ解消の為にも、訊いておかねばならぬ。

先に口を開いたのはテツ。

「あの時は、俺が段取りを間違ったんだと思う」

それを受けたトモは神妙な口調で、

「ちゃんとしたかったんだよ……営業でも、30分でと言われたら、30分で終わらせたい。28分、32分では終わらせたくない。商品としてキチンとお届けしたいだけなんです……」

溢れるプロ意識。仕事に対して、あまりに律儀な職人的思考。

尊敬せざるを得ない。

許そうと思ったが、

「特にあの場面は、突発的にアドリブで笑いをとりにいくのではなくて、ここで何回この動き入れて、次はこう動いて、最後はこれで終わる、としっかり作り上げるところ。余計なことをする場面では……」

長々と喋り始めたトモに、僕の心は再び閉ざされた。

この違和感なんでだろう

二人へのインタビューを通じて、僕は全体的に何か釈然としないものを感じていた。違和感と言ってもいい。例えば、

「トモさんは、最近メガネをよくかけてますけど、賢く見られる戦略ですか？」

と少々意地の悪い質問をした時。勿論、冗談なのだが、

「目が悪くなったの」

返ってきたのは大真面目な答え。訊いた此方が恥ずかしくなる。続けて、

「いやー、最近ファンの子供達が僕の似顔絵をプレゼントしてくれて、そこにちゃんとメガネも描いてくれてるのが嬉しいんだよね！」

（……ん？）

正義の味方、タイガーマスクのような物言いに少々戸惑う。

過去の新聞記事では、

「（テツは）風邪をひかないように、少しでも汗をかいたら下着まですぐに着替える。『パンツやシャツはいつも五組は持ち歩いています』（中略）『テツは実はおねしょするんですよ』と歌担当のトモさんが突っ込みを入れた。『いや、トモは汚れても着替えないんですよ』とテツさんがやり返す……」

（……ん？）

記者の筆致もあるが、昭和の芸能ニュースのような雰囲気。モノクロのテツトモの映像と、無機質な口調の女性によるナレーションが頭を過る。

更に、ある雑誌のインタビューでは、

「愛情です。お客さんに対しても、相方に対してもそうだし、すべてのものに愛情を感じられなくなったら、どんどんダメになっていく」（テツ）

「お子さんからおじいちゃんおばあちゃんまで楽しめるようなものをつくれたらいいねって」（トモ）

（……ん？）

ちなみに質問は、「お笑い芸人に必要なものは何ですか？」である。その回答としては、少々お笑い要素に欠ける気がしないでもない。

（この感じ……なんでだろう）

その時、僕の頭の中でバラバラだったジグソーパズルが収まるべき個所に全て収まり、一つの絵が浮かび上がった。
「演歌だ……！」
我々髭男爵は、若い頃から演歌番組のMCや、演歌歌手のステージの前説《まえせつ》を何年も務めるなど、今時の芸人には珍しい経歴を持つ。その界隈の雰囲気を肌感覚で知っているのだ。テットモ流に言えば、〝あるあるの裏取り〟は完璧。
その経験上、断言できる。
二人の言動に付き纏う〝匂い〟は、演歌界の方々と酷似しているのだ。
再び雑誌記事を引く。
「素顔のテツは静かでお酒も飲まないし、タバコも吸わないいギャンブルもやらない、〝息もしない〟という人だから！」（トモ）
「それじゃ死んじゃうよ！」（テツ）
……演歌だ。
「トモは凄く気遣い屋さんなんです！」（テツ）
「友達には、『気を遣わないで金使え』って言われるけど！」（トモ）
……演歌だ。
今回の取材でも、

「売れた時、天狗になりませんでした？」
という僕の質問に、
「テツは、天狗になったよね！」（トモ）
「いや、なってねーよ！」（テツ）
「鼻じゃなくてアゴが伸びたんだよな！」
（トモ）
……演歌だ。
血気盛んな若い芸人であれば、
「ダサい！」
と敬遠し、躊躇《ためら》うようなベタなオトし方と、
言い放った瞬間の、
「今面白いこと言いましたよー！」
と客に周知するための〝どや顔〟は、
「子供から、お年寄りまで楽しめるものを
……」という二人の信念に基づく〝わかりや
すい〟笑いの真骨頂である。
実際、彼らが普段営業で向き合うお客様、

とりわけ高齢者の方々は、演歌のファン層と重なる部分も大きい。

同じ匂いを纏うのも不思議ではない。

そもそも、「なんでだろう♪」の最後で、あんなに二人してハモる必要があるのか。

あるのだ。あれは〝サビ〟……演歌ならハモる。

事実、テツトモの二人はＣＤを十枚以上リリースしている、〝歌手〟でもある。

２０１６年にリリースした『泥の中の蛍』。ロック調の……演歌だ。

「どんな曲ですか？」

芸人にする質問ではないが、

「大御所の浜圭介先生が作曲をしてくださって、作詞も渡辺なつみ先生が……」

いや、もう完全に演歌歌手である。

幼き日の夢を実現し、

「次は、真面目な歌で紅白に出る！」

と言って憚らない二人。

〝こぶし〟を振るって人々を笑顔にする唯一の芸人、テツａｎｄトモ。

彼らには、一発屋の悲哀もむしろ糧。悲しみ、苦しみ……全てを歌の力に変えるのが演歌である。

「……なんでだろう？」

そう思ったら、会いに行って欲しい。二人は、今この瞬間も日本の何処かで営業中。
テツトモが最も輝くのは、テレビ画面の中ではない。
客席の人々、その瞳の中なのである。

ジョイマン

「ここにいるよ」

今、筆者の目の前にある一枚の写真。

正確には、とあるツイッターアカウント上に投稿された画像である。

デパートの一角に、長机が一台と椅子が二脚。

二人の男が所在無げに座っている。

机の上には、山積みのサイン色紙。

魂が抜けたような男達の表情からは、何の感情も読み取ることは出来ない。

彼らが見つめるその視線の先には何もない……いや、誰もいない。店員はおろか、人っ子一人見当たらない。

つまり、その写真に写っているのは彼ら――お笑いコンビ〝ジョイマン〟の二人だけなのである。

「ありがとう、オリゴ糖」

「掛け布団、50トン」

「コラーゲン、主電源」

「柴咲コウ、尾行」

意味の通らぬナンセンスな韻の数々が、〝脱力系ラップ〟と評され、一世を風靡したのが2008年。

今や、「フリースタイルバトル」を中心に、次々と新たなラッパー達が頭角を現し、大人気のHIPHOPシーンだが、こと「地上波のゴールデン帯のテレビ番組」と限れば、最も数多く韻を踏んだ〝ラッパー〟は、未だジョイマンであると断言しても間違いではなかろう。

ちなみに高木晋哉曰く、初めて踏んだ韻は、

「二、三本、イビョンホン」

多くの読者は興味も無かろうが、〝ラッパー〟ジョイマンの記念すべき第一歩である。

一見、安易で稚拙と思われがちな彼らの芸だが、全く脈絡の無い二つの言葉を並べ、韻を踏み、かつ笑いも取るこの〝大喜利〟の難易度は高い。何故なら少しでも「意味」が生じた瞬間、ただの駄洒落と堕すリスクを常に孕んでいるからだ。そもそも、意味を見出し思考の拠り所とするのが人間の本能。それを避けて通る彼らの押韻スタイルは、誰にでも真似出来る代物ではない。

決して長くは無かった売れっ子時代から数年後の、2014年。ジョイマンの〝韻を踏む方〟、高木本人によってツイッターに投稿されたのが冒頭の写真である。

〈町田モディ7階にてサイン会やってます。〉と添えられたコメントが、道路脇にソッと手向けられた花束のように感じられるのも無理はない。

「サイン会なのに、客が0人」……芸能人、タレントといった生業の人間にとっては屈辱的、致命的な大惨事。

正真正銘の事故である。

ジョイマンというその名に反して、〝ジョイ〟な部分は一切ない。

あるのは〝マン〟だけ。

『The Man』とでも思わせ振りにタイトルをつけ、ピューリッツァー賞に応募したい程のドキュメント感である。

スマホ画面から溢れだす、圧倒的切なさ、悲哀……ゆえの、面白み。

一体どういう意図でこのような写真を投稿したのか。二人に真意を問いただした。

〝自虐〟か〝自殺〟か

「ちゃんと言ったんですよ！」

ジョイマンの〝高木ではない方〟、つまり池谷和志が経緯を語り始める。

彼の述べる〝ちゃんと言った〟とは、

「イベンターの方に『僕達がサイン会やってもお客さん来ませんよ』とお伝えしたんです！」

との事前通告を指す。

彼曰く、「保険を掛けた」らしいが、

「整理券50枚捌けてるんで大丈夫！　安心して下さい！」

自信漲るイベンター氏の一言で、目論見は失敗。一ミリもハードルは下がることなく、サイン会は決行された。

勿論、二人も本心では客が来ないとは思っていなかった。50人の見込みが30人だったとしても気まずくならぬよう、予防線を張っただけである。

しかし、蓋を開ければまさかのゼロ。

誰も来なかった。『走れメロス』なら死人が出ている。

芸人は話を多少〝盛る〟ものだが、彼らは本物。「5、6人しか来なかったけど、ゼロって言ってもいいか！」ではないのだ。

添加物など一切ない、自然由来のオーガニックな〝客ゼロ〟である。

「関係者の方々に申し訳ないのは勿論、通りすがりの他のお客さんが『サイン会やってるんだ？　サイン下さい！』と言ってくる。でも僕らは『整理券ない人はダメなんです、すいません』って謝んなきゃいけないのが一番の地獄で……サインしたかったんですよ、僕らは」

幾度となく話してきた物語なのだろう。仕上がった漫談を披露する二人から、悲しみは感じられない。

このツイッターでの高木の〝ためいき〟、もとい、つぶやきが大反響を呼び、

「花火大会の前座を務める営業で客ゼロ」

「ラジオの公開生放送で客ゼロ」

立て続けに〝客ゼロ〟シリーズが投稿されることとなる。時と場所は変われども、一貫しているのは、客が一人もいないということ。

（いや、どこに味をしめとんねん！）

呆れる方もいるだろうが、実際、それだけの釣果はあった。

この一連のネタで幾つかのテレビ番組からお呼びがかかり、〝一発〟後の苦しい停滞の時期に貴重なメディア露出を果たしたのである。当時筆者も、客ゼロの話題を引っ提げ、「芸人報道」（日本テレビ）などに出演する彼らを拝見した。客ゼロネタは面白かったが、反面、心配にもなった。

お笑い芸人にとって、不幸は飯の種。とりわけ、一発屋芸人の場合、〝自虐〟は定番のネタである。

「一時は稼ぎましたけど、今は月収〇〇円なんですー！」

「暇で毎日家にいますー！」

悲惨な体験をリサイクルし、笑いに変える、夢の再生可能エネルギー。これらはしかし、一時的に話題を集めはするが、最終的に損をする場合が多い。

謂わば、麻薬のようなもの。

使えば使うほど惨めさが増し、やがて自虐が現実となる悪循環に陥る。

ましてや彼らの場合、〝客ゼロ〟である。件の写真を見たイベント関係者が、

「こいつら集客力ないなー……」

と考えるだろうことは、想像に難くない。結果、イベントのお誘いや、地方営業のオファーが減るのではなかろうか。一発屋と化し、仕事が減って苦しいのかもしれぬが、刹那的な露出のために身を削り過ぎてはいまいか。僕には彼らの行為が「自虐」というより「自殺」、その境界線ギリギリのチキンレースに思えたのである。

しかし、杞憂であった。

「テレビ出演の効果で、『お客さんゼロの営業を見てみたい！』というお客さんが来るようになった！」

「客ゼロの営業が見たくて来たのに『いやちょっと客いるじゃん！』ってなって」

もはや、量子力学の領域。

観察という行為に及んだ途端、それが対象に影響を及ぼし、状態が変わってしまう……あれである。

電通、博報堂顔負けの高度なマーケティング術にも思えるが、

「どん底の精神状態だったので、もう乗っかっちゃえばいいかって」

二人にとっては、ただの、〝一か八か〟だったようだ。

「ブーム以降、ずーっと落ち続けてたけど、やっと地面に激突した」（高木）
「あれがターニングポイント。おかげでバイトを辞められた！」（池谷）
晴れ晴れとした表情で、能天気に当時を振り返る二人の口調のせいか、まるでサクセスストーリーを聞かされているような錯覚に陥《おちい》る。
ともあれ、ジョイマンの二人は、これまで字面やエピソードトークだけで平面的だった自虐ネタの裾野を、ネットの世界にまで広げ、〝立体的に自虐してみせた〟新世代の一発屋芸人と言えるだろう。

「ここにいるよ」

彼らとSNS、特に、ツイッターは相性が良い。
〝客ゼロシリーズ〟以前からジョイマン（と言っても高木だけだが）は、SNSに依存した、もとい駆使した活動を行っていた。
「エゴサーチをしていたら、前からあまりにも、『ジョイマン消えた』とか『ジョイマン死んだ』が多かった」（高木）
〝エゴサーチ〟とは、芸能人、有名人であれば必ず手を染めている（と僕は確信しているが）、ネット上で自身の事を検索する行為である。

「○○最近見ないけど、どこ行った？」

「○○消えた！」

「○○死んだ？」

一発屋が必ず見ることになる、ネット上の揶揄。腹は立つし気分も悪いが、目に入らぬように手立てを講じるか、放置するか……選択肢は大体二つに絞られる。

しかし、高木は違った。

ある日を境に、突如これらのツイート一つ一つに、

「ここにいるよ！」

「生きてるよ！」

「これからも生きていくよ！」

リプライ、つまり、返信をし始めたのである。

「もう5年ぐらいやってます。（『ジョイマン消えた？』というつぶやきは）なくなりませんね」

今では〝ライフワーク〟となったこの活動もまた、「ジョイマンの生存確認」と話題になり、

「そういうツイートを、自分の起爆剤に出来ないかなって」

という彼の思惑通り、幾つかの仕事に繋がって行く。

その〝初夜〟の詳細を訊けば、

「夜中、深夜を過ぎた頃でした……お酒も少し入っていたかもしれない」

まるで怪談話でも始めるように、声を潜める高木。

「何日も仕事が無くて暇で、家で悶々としている時、ツイッターをいじくりまわしていたんです」

そんな時、自分を「行方不明」「死人」扱いするつぶやきを発見し、一線を越えた。

「実際に、本人から返事が来たらビックリするだろうな……そんな風にワクワクしながら、その人の後ろから『ここにいるよ！』っていうイメージで……」

「消えた」「死んだ」と揶揄した者にとって、それはまさに、死人からの応答。「怨めしや……」と同じである。もはや行動原理がお化けそのもの。

「死んだ」

と言われても文句は言えまい。

かくして始まった「ここにいるよ！」だが、当初は、

「本物だ！　びっくりしたー！」

という、まさかの本人登場に腰を抜かすような期待通りのリアクションは少なく、

「こわっ！」

「〝ここ〟ってどこだよ！」

「コイツ、結局めっちゃ暇だな！」

などと小馬鹿にされたり、無反応というのも多かった。

しかし、世間の「ジョイマンどこいった?」という〝捜索〟の声に対して、

「ここにいるよ!」

と瓦礫の下で救助を待つ者のように逐一返信を重ねるうちに、奇妙な逆転現象が起きる。高木のリプライ欲しさから、故意に「ジョイマン消えたな」とツイートするユーザーが増えたのだ。いや、むしろ今では、その手のツイートの大半が、ジョイマンに見つけて欲しい人達のものと言ってもいい。

魚が釣り人に、釣り人が魚に。

一体どちらが、

「ここにいるよ!」

と叫んでいるのか判らぬ状況。

確実に言えるのは、ジョイマンのことを考える人間の数が増えたということ。何かの寓話のような、教訓めいたものを感じずにはいられない。

ネット上の揶揄を、見事ネタに……プラスに変えることに成功した彼ら。

「ツイッターに助けられた!」

「ツイッターがなかったら、僕ら〝ここまで来てない〟かもしれないですね」

口々に語る高木と池谷。

現状を考えれば、別に〝どこにも来てはいない〟のだが、二人の表情は不思議と満足げ。彼らにとって、ツイッターはまさしく〝幸せの青い鳥〟だったようである。

「何も感じなくていい」

本連載の趣旨と相反する物言いになるが、ジョイマンは正確には一発屋ではない。1に満たぬ、〝0・8発屋〟といったところか。

勿論、彼らも、大ブレイクと言って差し支えない十分な結果を残したが、レイザーラモンHGや小島よしお等と比べると、〝小粒感〟は否めない。切手の図案に採用されたとか、新語・流行語大賞に選ばれたなどといった社会現象級の経歴は持たぬ。ただただ、いっぱいテレビに出たというだけである。

しかし、その小粒さゆえに、ジョイマンを悪し様に言っても、罪悪感を持つ者は少ない。叩きやすく、イジりやすい。通りすがりに、サンドバッグを一撃するような気軽さで話題に出来る。

奇しくも、同じ〝一発屋〟で、事務所の先輩でもある天津・木村卓寛に、

「お前達は、何も感じなくていい！」

と、ブルース・リーの「Don't think. Feel!（考えるな。感じろ）」を上回るアドバイスを

受けたという二人。失礼ながら、同じ一発屋の木村に出来る助言が「あると思わなかった」が、言い得て妙である。

つまり、「居るだけで良い」と同義。

結果、今や「ジョイマン」という言葉、それ自体が特別な意味合いを帯びつつある……ように思う。

「周りの芸人の方も、僕らの名前を使って笑いを取ることが増えてきた」

「普通の一発屋だと笑えないけど、こんな一発屋いましたよね、みたいな流れでジョイマンの名前を出すとウケるらしいんです」

自分で言うことではないのだが、手柄顔で嬉々として話す池谷は確実に、〝何も感じていない〟。木村の教えは守られているようである。

実際、話のオチとしてジョイマンは最適である。

「最近会った芸能人は○○」

「見て見て？　○○にサイン貰ったよ！」

「好きな芸能人？　……○○！」

皆、それぞれ、○○に入る名前を想像してみて欲しい。そして、ジョイマンを代入すれば、

「しょーもな！」

「いや、要らねーよ！」

「なんでだよ！」

かなりの確率で笑えることに気付くだろう。

同じ一発屋でも、テツトモや小島よしお、HGといった面々では、少し気が引けないだろうか。それは、一発屋と自称しながらも、彼らにはまだ「勝っている」部分、あるいは、勝とうとしている気概や熱といったものがあり、それが、小馬鹿にするのを躊躇わせるからだ。

だが、ジョイマンにはそれが無い。

一度売れ、ドン底まで落ち、バイトを経験し、再び浮上の兆し……とまでは言えぬかもしれぬが、とにかくまた本業だけで飯を食える地点まで漕ぎ着けた。

謂わば、二度揚げされた〝からあげ〟。そのサクサク感が、心地良い。

他の一発屋では、ベチャベチャと重く、胃もたれしかねないが、ジョイマンなら、みんな美味しく食べられる。

楽しく叩ける。

気軽に叩ける。

かと言って、過剰に叩くほどの思い入れも人々には無い。

要するに、どうでもいいのだ。

一度大きく売れながら、拭えぬ小物感……それが功を奏し、「誰からも公平に小馬鹿にされる人達」という、芸人として喜ばしい特権を得た。

まさにジョイマンは、「ここにいる」だけでいいのである。

二人を結んだ有名ミュージシャン

二人の出会いは、中学のバスケ部時代にまで遡るが、

「まあ、普通でしたね……」

と池谷が言うように、部活で喋る程度の間柄で、普段は別々のグループ。特に仲が良かったわけではない。

そんな彼らのコンビ結成には、とある著名なミュージシャンが関わっている。いや、その彼の存在なくしては、エピソードが小粒過ぎて、結成話は二行で終わってしまう。

その人物とは、大ヒット映画『STAND BY MEドラえもん』で主題歌を担当したことでも知られるシンガーソングライター、秦基博。ジョイマンの二人とは中学の同級生。彼も同じくバスケ部であった。

中学の文化祭では、秦の兄が考えたというコントをトリオで披露した。といっても、メンバーは秦、高木、そして池谷ではないバスケ部員の三人。これが大変ウケたというが、秦がジョイマンの結成に関わるのは少し先の話である。

「成人式で久しぶりに中学時代の仲間で呑んだ時、池谷がお笑いをやりたいと夢を熱く語って

て。そしたらもっちゃん（秦のあだ名）が、『一人だと心配だから、高木も一緒にやったらどう？』と。当時、僕は大学には行ってたんですけど、夢もなく、半分引きこもりのような生活。単位もバスケの二単位しか取って無かった」

　秦が本当に心配したのは、池谷ではなく高木だったのだろう。

「お笑いは好きだったので、じゃあ、ちょっと乗っかろうかなと。秦君の一言がなければ、芸人もやっていなかった」

　と高木が感謝の念を述べると、続けて池谷も、

「秦君の一言で本当に助かった。高木とちゃんと喋るようになったのはその時からです」

　ジョイマンの二人を結びつけた秦。何とも、贅沢な鎹《かすがい》である。

　今でも、呑みに行くほど仲が良い。

　プライベートだけではない。秦が出演する音楽番組では、

「何回出てくるんだってくらいシークレットゲストで僕達出させてもらって。もっちゃんからしたら『またお前らかよ！』って」

「ほんと、コバンザメ。どん底の時も、もっちゃん関係で色んなメディアに出られた……彼のファンからは〝ヒル〟のように思われてます」

　コバンザメからヒルに自然と変化したところを見ると、「血を吸っている」自覚はあるようだ。

ともかくも秦の一言により、二人は晴れて芸人となった。

しかし、お笑い超大国・吉本のこと。ルミネや∞（無限大）ホールといった〝一軍〟の舞台に立つのは容易ではない。彼らが出演を許されたのは人気、実力に応じて細かくランク分けされた、その最下層のカテゴリーの舞台のみ。事務所からの仕事は、月に一回のそれだけ。

要するに、誰からも評価されていなかったのである。

「同期すら僕達の存在を知らなかった」

と高木が振り返るように、底辺中の底辺。

そんな彼らに、天から蜘蛛の糸が垂れてくる。今も若手の登竜門として数々の人気芸人を輩出している番組「ぐるぐるナインティナイン」（日本テレビ）の名物企画〝おもしろ荘〟。この番組への出演で、世界はジョイマンを知ることになる。

実際、これが初めてのテレビ出演。いや、それ以前に、オーディションに参加したのも、これが初めてであった。

この時、番組スタッフの助言で、それまでやっていた普通の漫才、その中の一ボケに過ぎなかったラップ部分だけでコントを作り、披露すると、これが、爆発的にウケる。

〝脱力系ラップ〟の誕生であった。

「おもしろ荘」への出演を契機に、ネタ番組からのオファーが殺到。「エンタの神様」「爆笑レッドカーペット」（フジテレビ）……当時の人気番組に次々と出演し、見事、その〝0・8発〟

を打ち上げた。

ちなみにコンビ名である「ジョイマン」。名付け親は池谷である。

「夢の中でテレビを見てたら、バンドが演奏してて、その曲名が〝ジョイマン〟だったんです」

夢の中に出てきたメロディから『イエスタデイ』を作ったというポール・マッカートニーの逸話に似てなくもないが、いかんせん〝ジョイマン〟。

「へー……」

と返すのが精一杯である。

詩人ジョイマン

もともと文学的なものが好きだった高木は、数年前に詩集『ななな』を上梓している。

「小説はハードルが高いので、気休め程度に書けるものをと。でも、本当に仕事が無いどん底の時に書いたので内容は重い」

と語る通り、お笑い要素は殆どない。しかしながら、まるで野生動物が傷を舐めて自力で怪我を治すように紡がれた文章、選ばれた言葉は、お笑い芸人が時折披露する、〝素敵なことを言うボケ〟の範疇を遥かに超えている。

何かをつかもうと
両手でやみくもに宙を探った。
そうしたら
今まで触った事のないものの様な
あるものの様な、
何かが手に触れた。
つかもうとすると
まるで水の中の出来事みたいに
手に当たっては逃げ
当たっては逃げを繰り返し、
そうして探り続けた両手の軌跡が
よく分からない
もやもやとした未来を描きあげた。
それは誰も見たことのない地図だった。

高木自身、

「一番のお気に入りです！」

と胸を張る『みらい』という作品。

「秦君に歌にしてよと頼んだけど、正式にお断りされました。でも『凄く良いじゃん！』と言ってくれました」

芥川賞作家、ピース・又吉直樹にも褒められたというのも頷ける出来栄え。古くは谷川俊太郎、今なら星野源と並べても遜色ない……というのは言い過ぎか。

いずれにせよ、素晴らしい詩集には違いない。

しかし、一つ残念なことが。

各ページの隅に描かれた〝パラパラマンガ〟である。

「丁度この時、鉄拳さんが流行ってたんで、乗っかったんですよ」（高木）

「詩だけで勝負すべきだと思ったんですが……負けちゃったんだよな、周りの声に」（池谷）

本物の文筆家、執筆家なら持っているであろう矜持。しかし、彼らの小粒な拘りは、パラパラマンガブームを前にいとも容易く消し飛んだ。

他の追随を許さぬ、その〝小粒さ〟で、独特の立ち位置を築いた0・8発屋……もとい、一発屋ジョイマン。

「〝客ゼロ写真〟の数が増えたら、それを集めて個展を開きたい！」

と馬鹿〴〵しい今後の夢を語る高木。

その個展に客が一人も来なければ、彼らの〝客ゼロ〟ネタも完成を迎えるだろう。
しかし、僕には見える。
20人位の客と、3、4社のマスコミで、そこそこ賑わっている会場が。
彼らはジョイマン。
小粒な結末こそが、相応《ふさわ》しい。

ムーディ勝山と天津・木村

バスジャック事件

「消えた」「死んだ」「最近見ない」

世間の人々、その記憶の表層から消え去り、〝もう終わった人達〟と見做されがちな一発屋。まるで、深海を人知れず泳ぐシーラカンス……そんな「生きた化石」が、共食いや縄張り争いといった苛酷な生存競争を、しかも同じ境遇の仲間同士で繰り広げているなどと、誰が想像できるだろうか。

実はここ数年来、我々一発屋芸人の界隈では、或る問題が持ち上がっていた。

通称、〝バスジャック事件〟。

「通称」と言っても、筆者が勝手にそう名付けただけだが。

これは、二人の一発屋による骨肉の争い、その物語である。

話は、今から3、4年ほど前に遡る。

「ムーディ勝山が、ロケバスの運転手になった！」

当時のお笑い界に激震が走った……と言っては少々大袈裟だが、実際、〝面白トピックス〟として随分と話題になった。

ムーディ勝山。本名、勝山慎司。

言わずと知れた、「右から来たものを左へ受け流すの歌」で一世を風靡した一発屋芸人である。

もともとこの歌は、彼が無名時代の2006年に、事務所の先輩ダイアン・津田篤宏の結婚披露宴で行った余興の芸。これが大ウケし、翌年には、今田耕司の一押し芸人として「さんまのまんま」（フジテレビ）、更には「ガキの使いやあらへんで！」（日本テレビ）と立て続けに人気番組に出演、大注目の芸人となった。年末には前川清のコーラス隊の一員として紅白に出場し、着うたを出せば240万ダウンロードを記録、CM出演も十本近くにのぼった。

まさに、時代の寵児。

しかし、その勢いも長くは続かず、翌2008年には早くも「一発屋」などと囁かれはじめ、長きに亘る二度目の下積み生活に突入。自身のコンビの解散も経験し、現在に至る。

そんなムーディが、一発屋という薄暗き懲罰房から、久し振りに外の世界に這い出て浴びることが叶った陽の光、スポットライト。

それが、「ムーディ勝山、ロケバスの運転手になる」だったのである。

「俺、行きます！」

芸能界には、「誰々が資格を取った」とか、「飲食店をプロデュース」、「小説家デビュー」、

「何かのスポーツ大会に出場し好成績」といった〝副業〟の話題は掃いて捨てるほど転がっている。

しかし、その殆どが、わらじと呼ぶにはあまりにも華やかな二足目。「現役の芸能人がロケバスの運転手に！」という、地に足がつき過ぎた副業は未だかつて聞いたことがなかった。

キッカケは仲間内の飲み会。

新宿・歌舞伎町の雑居ビルにある貸し会議室で、ムーディが当時を振り返る。

「フットボールアワーの後藤さんを中心にした仲良しグループがあるんです。ある日その飲み会で、『皆で旅行行く時に一台で済むから、誰かマイクロバスの免許取ったらええやん』と後藤さんが言った。運転できたらオモロイやろって」

確かに、あれだけ大きな車を自在に操ることが出来れば、大袈裟で面白い。

例えば日曜日の昼下がり、

「お昼はラーメンで済ましちゃおうか」

と台所に立った妻が、冷蔵庫から血の付いた鶏ガラや豚の骨を取り出し、大きな寸胴でスープ作りを始めれば、

「そっからやるんかい！」

「もう台所違うやん！　厨房やん！」

色々とツッコめる。

〝大袈裟〟は面白いのだ。

ただ、後藤の提案も、酒の席での軽いノリ。「右から左へ受け流す」ことも出来た。第一その場には、ムーディより無名で暇な芸人もいたはずである。だが、

「俺、（免許取りに）行きます！」

ハンドルを握るのが、かつて一世を風靡した一発屋芸人……自分なら更に面白い。この話に潜む笑いのニオイを敏感に嗅ぎとった彼は、躊躇なく手を挙げた。

そして実際に間を置かず免許を取得する。

「僕、ロケバスの免許取ったんですよ！」

ツイッター上や仕事先で報告すると、周りの反応も上々。やがて先輩芸人達が、

「ムーディのやつ、最近仕事が減って、ロケに全然呼ばれない。『ロケに行きたい……どうしてもロケに行きたい……ワー!!』っておかしくなって、とうとう、ロケバスの免許取ったんですよ！『これでロケに行けるでしょ!?』って」

様々な番組で話題にするようになった。中でも、免許取得に必要な費用まで負担してくれたというフット・後藤は、

「そういえば、こんな不思議ありましたよ！」

と、かの「世界ふしぎ発見！」（ＴＢＳ）出演時にもムーディの話を披露。司会の草野仁氏もスーパーヒトシ君状態……つまりは大爆笑だったそうな。持つべきものは、頼れる兄貴、優

しい先輩である。

結果、ムーディ本人にもお声がかかり、幾つかのテレビ番組に出演を果たす。

勿論、先輩達の援護射撃のお蔭というのも多分にあっただろうが、この〝ロケバスネタ〟の面白さの核心は、間違いなくムーディの実力によるもの。と言うのも、後述するが、そこには一つの〝発明〟があった。

実は、あまり知られていないが、ムーディ勝山は〝発明家〟である。

このロケバスネタ以前にも、昨今の一発屋の振る舞い方、ひいてはテレビ番組の企画にまで影響を及ぼした「一発屋芸人の自虐トーク」という大発明に成功している。今では見慣れた光景だが、ムーディ以前の一発屋は、

「最近、暇でしょ?」

「お前ら、一発屋じゃねーかよ!」

という〝イジり〟に対して、

「ちょっとちょっと!」

「違いますよ!」

と返すのが精一杯。それ以外の術を持たなかった。しかしムーディは、

「いや、実際ヒマで……妻の手前、毎日仕事に行くふりをして、公園で一日中ハトに餌やってる」

「スケジュール表を送って来ないマネージャーに、『予定が立てられない。今すぐ今月の仕事をFAXで送れ！』と電話で怒ったら、数秒後にFAXが起動し、真っ白な用紙がFAXを通って真っ白なまま出てきた……」

「自分の単独ライブのチケットが1週間で三枚しか売れてなかった。手売りするしかないと、コンビニで自ら二枚購入したら、出てきた番号が4と5。その3日後、再び二枚購入したら6と7。更に2日後には、誰かキャンセルしたのか、2が出てきた」

等々、悲しくも面白いエピソードを語り始めた最初の一発屋なのである。以後、皆が彼のやり方に倣い、一発屋による「残念エピソード」は定番となった。

さて、順調に走り出したかに見えた、ムーディのロケバスネタ。

実際、筆者も、売れっ子達を乗せたロケバスを運転する一発屋ムーディ勝山のシュールな雄姿を、何度かテレビで拝見したことがある。「タレントが乗るロケバスを、タレントが運転する」という、コントの設定が現実になったかのような、〝もしもシリーズ感〟溢れる斬新な構図に腹を抱えて笑ったものだ。

しかし、突如、暗雲が垂れ込める。

〝犯人〟からの電話

始まりは、一本の電話だった。

ムーディが、〝ロケバス〟ネタを世に送り出して1年ほどが経ったある日。

買い物にでも出かけたのか、妻子は外出中、自宅には彼一人である。

「多分、お昼か……夕方ぐらいだったと思います」

まだ夜の帳《とばり》が下りぬ明るい内にかかって来た電話の主は、天津・木村……〝バスジャック事件〟の犯人、その人である。

天津・木村。本名、木村卓寛。向清太朗とのコンビ、「天津」のツッコミ担当。

親兄弟の殆ど全員が詩吟の師範、あるいは師範代という一風変わった家に生を享けた彼。自身も師範代の資格を持つ。

詩吟という古式ゆかしい日本の伝統……しかし、現代、特にお笑い界では見向きもされなかったその芸が日の目を見たのは、事務所の先輩である漫才コンビ・麒麟のラジオ番組に出演した際。そこで即興で披露した〝エロ詩吟〟が爆発的にウケ、２００８年には数々のテレビ番組に出演、その一発を成し遂げた。同年発売した著書『エロ詩吟、吟じます。』が十万部を超えるなど、彼にもまた、数々の栄光は〝あると思います〟が、今はそれを振り返っている場合ではない。

突然の着信に、

「何だろう……？」

少々訝しく思ったムーディだが、木村は彼より2年ほど先輩。待たせる訳にもいかぬ。

「もしもし？」

慌てて電話に出ると、開口一番、

「あのさー、俺もロケバスの免許、取っていいかな？」

木村が言い放った。犯行予告……事件の幕開けである。

「衝撃的でした」

とムーディが当時を思い出し、身を竦《すく》めたのも無理はない。

その時点において、ムーディのロケバスネタは、少なくとも芸人の間ではお馴染みの話題。そもそも、〝ネタ被り〟は避けたいのが芸人である。漫才中の一ボケ、コントの設定の一部であろうが、人と被れば、そのネタは却下。みっともないし、恥ずかしい。そう感じるのが、お笑い芸人の矜持と言えよう。

木村の意図をはかりかね、言葉を失うムーディ。その沈黙を難色と受け取ったのか、

「いや、（ネプチューンの）名倉さんに話したら、『それ面白いなー！』って言ってくれてな……」

まるで〝後ろ盾〟だと言わんばかりに、大先輩の名前を持ち出した小先輩。実に姑息である。

「呆気にとられているうちに押し切られて、気付いたら『はい』と言っていた」

と話すムーディの口調は、オレオレ詐欺の被害者そのもの。電話を切った後、

「今のは『はい』って言ったら駄目だったんじゃ……」

と後悔するも、後の祭りである。

唯一の救いは、そんな不意打ちの混乱状態でも、辛うじて防御策を講じていたこと。

「『ロケバスの免許を取った』とだけは、絶対に言わないで下さい！」

と木村に釘を刺したのだ。

実はこれこそが、先ほどの「ムーディの発明」に関わる話。

「僕は『ロケバスの免許』という言い方をしてましたが、実際に取ったのは中型の免許。正式に仕事としてタレントを乗せ、ロケバスを運転するには、別に〝二種〟の免許を取らないと駄目なんです」

整理しよう。まず我々の業界で〝ロケバス〟と呼称されるのは、マイクロバスのこと。中型免許を取得すればマイクロバスの運転は出来るが、業務での運転となると二種免許が必要になる。しかし、レンタカーのマイクロバスを借りて、〝ロケバスの運転手役〟を演じるなら中型免許だけで問題ない。あくまで出演者、タレントとしての露出になるからだ。

「僕はただの中型免許を『ロケバスの免許』という面白い言い方をしてネタにした。これは、僕の発明なんです」

確かにこの言い方なら嘘ではない。ムーディの〝面白咀嚼力〟の勝利である。

「中型の免許取りました！」と、

「ロケバスの免許取りました！」

では、その面白みは雲泥の差。

前者の言い方では、ただの特技、いや「芸人廃業するのかな」などと捉えられかねない。言い方一つだが、立派な発明なのだ。その〝特許感〟は、同じ芸人として木村も無視出来ず、「ロケバス発言禁止」については、了承してくれたという。言ってみれば、フランスのシャンパーニュ地方で作られたものしか、シャンパンと呼称出来ない……あれと同じ。〝ロケバス銘柄〟、その原産地はムーディ只一人というわけだ。

事実、その後木村は暫くの間、

「僕もムーディの真似して『中型の免許』取ったんですけど、何も仕事が来なかったんです……」

いささか面白みに欠ける弱いエピソードしか、披露できずにいた。

かくして、不発に終わったかに思えた〝バスジャック事件〟。

しかし、水面下で着々と事態は進行していたのである。

木村の自白

件の電話から2年程経ったある日。

「僕、〝ガチで〟ロケバスの運転手になったんです！」

と木村が世間に発信し始めた。

悪夢は、終わっていなかったのだ。とうとうムーディとの約束を反故《ほご》にしたか……と思いきや、そうではなかった。

もう一度文言を見て欲しい。

肝は〝ガチで〟の部分。

一体何が起こったのか。

時間を、ロケバスネタの発端となった、フット・後藤主催の例の飲み会まで巻き戻そう。

「誰かマイクロバスの免許取ったらええやん」

提案する後藤。すぐに手を挙げるムーディ。そして、それを冷ややかに見つめる一人の男……木村である。

そう、彼もまた、あの飲み会に同席していた。ムーディ曰く、

「その時、木村さんは全然手も挙げなかった。それがネタになると気付いてなかったんで

す！」

ムーディが〝あると思った〟ロケバスネタを、木村が〝右から左に受け流した〟格好。何とも皮肉な話に思えるが、立場が変われば、見え方も変わる。木村本人に聞くと、

「『気付いてなかった』というのは違う。気付いてないフリをしてたんです！」

（何のためやねん！）

心の中でツッコむが、一応、彼の言い分も聞かねばなるまい。

あくまで「そのとき自分もロケバスネタに興味を持った」と言い張る木村。

「僕、車の運転がすごい好きで。〝エロ詩吟〟の時に収入も増えたので車を買った。でも仕事が減って、結局売ることになった。車好きやったから悲しくて……余談ですが、僕はジムニーに乗ってたんですよ。僕、そのジムニーを愛していて。知ってます？　ジムニーってね……」

本人が余談と言うので、お言葉に甘えて割愛するが、

「ジムニーも手放しちゃったし、車が欲しいけど財力的に買えない。『どうしたらええねん……』っていうのが、まず根本にあったんです」

言い訳の助走が長過ぎる割に、フワッとした着地。長々と説明する様子は、疑わしいアリバイを必死で言い繕う犯人そのもの。大体、ジムニーとマイクロバスではサイズが違い過ぎる。勿論、彼の言い分に真実味など感じられない。

そんな筆者の心中を察したのか、

「ムーディが中型免許を取った後〝ロケバスネタ〟でテレビに四、五回出てるのを見て……」

雲行きが怪しくなってきた。

「『あ、いけるんだ』って」

（……ん？）

「で、取ったれと思って」

あっさり自白してくれた。

後は堰を切ったように、

「芸人として、おいしいネタが目の前にある。なら、やりますよね？　この世界、皆ほぼルール無用で戦ってるでしょ！　そこに急に善悪を持ち込んだりとか……子供が家で泣いてるんですよ、腹すかせて……もう行くしかなかったんですよ！」

と一気に捲《まく》し立て、急激に〝悪キャラ〟に舵を切る木村。

確かに生き馬の目を抜く芸能界。ほぼルール無用かもしれぬが、僅かに残された仁義まで欠くのはいただけない。しかも、免許取得にかかった費用はこれまた後藤が出したと言うから驚きだ。

「領収書渡したんです。『お前の出すなんて言ってないよね？』って後藤さんはビックリしてましたけど……」

当然である。勝手に取りに行っただけなのだ。

「〝子供の出産祝い〟ということにして、なんとか貰えました！」

と何故か得意げに語る木村に辟易とする。

かくして件のムーディへの電話の後、中型の免許を取った木村。これでマイクロバスの運転は出来ることになったが、ムーディとの「ロケバス発言禁止」の約束がある。さすがにこれは破れない。

しかし、彼には計画があった。

そもそもムーディは何も実際に職業、生業としてロケバス運転手になった訳ではない。言ってみれば、

「いや、もうほとんど、ロケバスの運転手やないかい！」

とツッコまれるためのボケ、即ち〝ファンタジー〟である。

そんなファンタジーに対抗するため、木村が選んだ道……それは、〝ドキュメント〟だった。

知り合いの伝手を辿り、ロケバス業務を請け負っている会社の面接に赴いたのである。そう……この男、〝ガチで〟ロケバスの運転手になるべく、就職しようと考えたのだ。悪魔的発想である。水戸黄門が、生地の発注や資金のやり繰り等、「越後のちりめん問屋」の業務を〝ガチで〟行うようなもの。本当に仕事にしてしまえば「ロケバスの運転手です！」と胸を張って印籠を出すことが出来る。

なんという執念。

木村はこの面接の折に、「中型持ってるけど、二種取ってませんね？　これでは仕事出来ないですよ」と告げられ、初めてムーディの発明、そのカラクリを知ることになるが、元よりガチである。怯むことなど一切ない。普段から趣味で年に何度も富士山に登り、同じく趣味のパワースポット巡りのためなら、人里離れた山奥の滝だろうが、訪れるのを厭わぬ性分。

「すぐ教習所を探して。そしたら、秋田県に一つだけ空きがあると言うので、大型二種の合宿に2週間行ってきました。冬の秋田県に……」

基本、真面目で努力家なのだが、「冬の」は蛇足である。「寒い中、一生懸命行った！」とでも言いたいのだろうが、別に、吹雪の中、雪山を踏破し、命からがら教習所に辿り着いた訳でもあるまい。本筋に関係の無い抒情的な言葉を盛り込むあたり、重ね重ね姑息である。

木村の一連の動きはムーディの耳にも入っていたようで、

「確か去年、木村さんは僕が持ってない二種の免許を取ったんです。僕には黙って……いや、後輩に一々言う義理はないかもしれないですけど……」

言葉とは裏腹に、〝義理はある〟と思っている彼の無念さがひしひしと伝わってくる。対して木村は、

「後輩のムーディが先にやってるネタというのは分かってた。申し訳ない気持ちもある……でも、大型二種ですよ？　正直、『勝ったな』と思いましたよ！」

もはや後戻りは出来ぬとばかりに悪人ぶるのをやめようとしないが、むしろそれが彼の後ろ

めたさの表れにも思え、僕は少し安心した。

和解

これが一発屋界を震撼させた、恐怖の〃バスジャック事件〃、その全貌《ぜんぼう》である。『下町ロケット』さながらの特許を巡る攻防。張り巡らされた乗っ取りのスキーム。池井戸先生に小説化して頂きたい。

二種免許取得後は、計画通り会社に登録し、実益も兼ねて実際に働き出した木村。勿論、〃ロケバス芸人〃として、幾つかのメディアの仕事に繋げることにも成功したが、番組の撮影に関係の無い部分での運転業務も精力的にこなしている。

取材時には、

「今週はもう三回乗ってます。特番のロケの下見と、PVの撮影で」

もはや、彼のロケバスにはタレントすら乗っていない。乗客はスタッフ……「ガチ」である。訊けば、そろそろ、お笑いの収入を運転手のそれが超えそうとのこと。そもそも、お笑いで生計を立てるために頑張って来たのに、この本末転倒ぶり。ミイラ取りがミイラに……家計簿だけ眺めれば、「時々漫才で舞台に立つ、ロケバスの運転手」と言った方が相応しい。

木村のやり方は決して褒められたものではない。しかし、彼もまた一発屋。

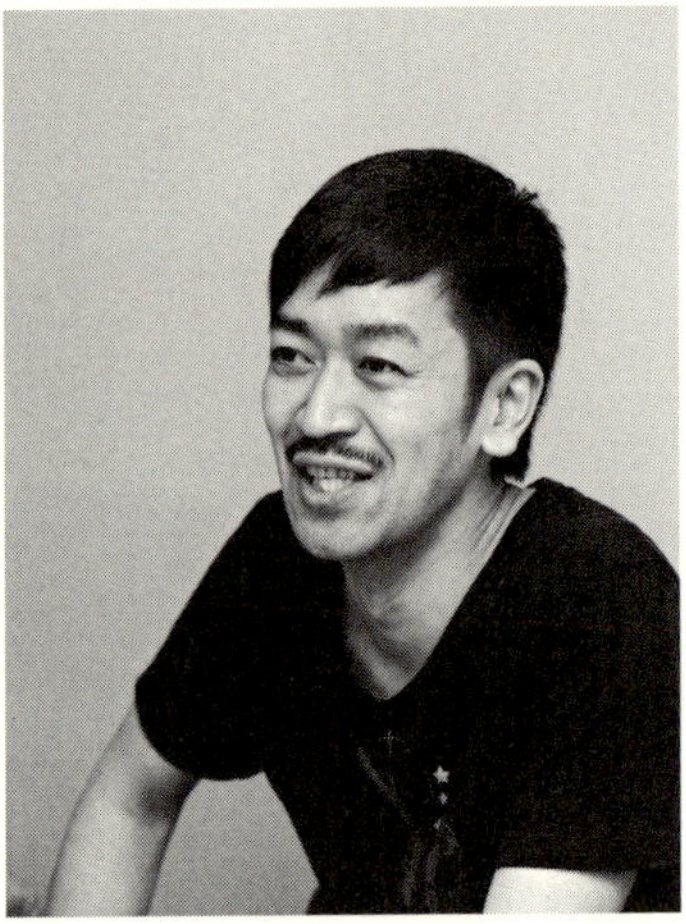

背に腹は代えられない事情、あるいはなんとか現状を打破しなければという焦燥感……様々な葛藤があった末の〝バスジャック〟だったのだろう。ボケ口調を交えつつ、〝悪党〟を装う木村を眺めながら、同じ一発屋の僕はそう感じた。そうでなければただの〝サイコ野郎〟である。

一方、ムーディは最近ロケバスネタについて口にしなくなり、周囲の先輩達も次第に、木村の「ガチで運転手」ネタを面白いと言って憚らなくなった。人々の興味もまた、〝右から左〟である。気の毒な気もするが、そこは自虐トークのパイオニア。

「芸人仲間のLINEグループで、僕もいるのに『今日ロケバスの運転行ってきました』とか、旅行の話題になると『行き僕で帰りムーディとかもできますよ！』とか木村さんが〝ロケバスボケ〟をしてくる……僕はもうそのボケで笑えない！」

既に漫談は仕上がっている。

彼もまた逞しい。

そんな二人に、今年ついに仲直りの機会が訪れた。

「僕と木村さんが出た、一発屋芸人が集まるイベントで、『写真でトーク』のコーナーがあった。そしたら、木村さんがロケバスの写真を出してきて……多分向こうも解消したかったんでしょうね」

いい機会だと、ここぞとばかりに不満をぶつけたというムーディ。

「もう言いたいことを言いました。『先輩やけど、お前最低や!』と……。一応舞台の上では、軽く和解したような感じにはなりましたね」

そう簡単に、わだかまりの全てが消え去るわけでもないだろうが、木村もまた、このイベントで一応の決着がついたと語ってくれた。

ムーディ勝山と天津・木村。

二人の芸人は似ている。

それぞれ、ムード歌謡と詩吟という、芸人も客も誰一人見向きもしなかった間口の狭いジャンルをお笑いのネタ、芸に昇華させ、見事一世を風靡した稀なる才能の持ち主だという点。相方を持つコンビ芸人でありながら、ピン芸で世に出た点。

そして言うまでも無く、二人揃って一発屋である。

かように似た二人が、かつてのベルとエジソンのように、同じロケバスネタという発明、その特許を巡って争ったのは、避けられない運命だったのかもしれぬ。

何より、二人は証明してくれた。

我々一発屋が、ただ余生をやり過ごしているだけの、〝生きた化石〟ではないことを。常に面白いネタを探し求め、虎視眈々と〝次〟を狙っているその生き様を。

いつの日か、そんな一発屋を集めて、ロケに繰り出そう。運転手は勿論——本職のドライバーさんにお願いしたい。

ムーディも木村も、まだまだやる気十分。もう一発〝当て〟ようとしている人間に、ハンドルを握らせるわけにはいかない。

波田陽区

一発屋故郷へ帰る

羽田から福岡空港まで2時間の空の旅。

タクシーに乗り換え20分程走れば、福岡市内の一等地、中央区天神にそびえる立派なビル……

「ワタナベエンターテインメント九州事業本部」に到着する。

約束の時間にはまだ少し早かったが、受付スタッフに通された部屋には、既に一人の男が待ち構えていた。

失礼を承知で言えば、芸能人とは思えぬ貧相な顔立ち。全体的に漂う、〝残念〟な雰囲気は相変わらずである。

反面、その表情には、以前には見受けられなかった気力が漲っており、〝今の生活〟の充実ぶりを窺わせる。

男の名は、波田陽区。

彼ほど一発屋の負の部分……〝業《ごう》〟を背負った芸人を、筆者は他に知らない。

波田がその一発を成し遂げたのは13年前。2004年の事である。着流し姿にギターという一風変わった格好で、

「私、井森美幸。『郁恵・井森のデリ×デリキッチン！』、料理はやっぱり新鮮が一番ね……っ

て言うじゃなーい？　でもあんた自身が賞味期限ギリギリですから！　残念!!　井森美幸のギリギリキッチン斬り！」

　人気アイドルから大御所俳優まで……手当たり次第に毒舌で斬り捨てる、〝有名人斬り〟の芸でお茶の間を沸かせた。ＣＤを出せば大ヒット、著書は二十万部超え。地元山口県で凱旋ライブを行えば、ＪＲ下関駅前の広場を延べ五千人の観客が埋め尽くし、新語・流行語大賞では、「って言うじゃなーい？」「残念！」「○○斬り！」といった一連のフレーズがトップテン入りを果たした。

　極めつきは、年末の紅白。

「紅組が勝とうが白組が勝とうが興味ありませんから！　残念!!　その時（裏番組の）格闘技の結果に夢中斬り！」

　芸能界の大御所も見守る中、天下のＮＨＫをバッサリと。

　しかもこの〝全否定発言〟、本人曰く、

「リハーサルと違うネタを内緒でやった」

　つまり、アドリブ。正に怖いもの無し……〝波田無双〟状態である。

　取材中、筆者が他意《たい》なく口にした、今人気絶頂の女芸人、ブルゾンちえみの名に自尊心を刺激されたのか、

「うーん……バーッと世間に広まってる感じだけで言えば、当時の僕の方が！」

まんまと口を滑らし自画自賛してしまう〝脇の甘さ〟は頂けないが、あの時代、間違いなく波田は今太閤……我が世の春を謳歌していた。

〝エンタ芸人〟の大本

子供の頃から、お笑い番組に夢中だった波田。大学卒業後、プロの芸人を目指し単身上京するも、事務所のオーディションには悉く落選。已む無くフリーのピン芸人として活動を始めるが、テレビ出演どころか、小さな会場でのお笑いライブでも全くウケない日々が数年間続く。無理もない。

当時の波田の十八番のネタは、〝犬のぬいぐるみを連れて歩きながら軍歌を歌う〟とか、〝自分の指に顔を描いてぶつぶつ喋る〟といったシュールなものばかり。「もうノイローゼ。只の自慰行為でした」と本人が自嘲気味に振り返る通り、実力不足から、奇を衒い過ぎた設定を笑いに昇華出来ずにいたようだ。

ネタはシュールだが、〝症状〟はベタ。

芸人を始めたての若者が陥りがちな、思春期的症例……〝お笑い中2病〟丸出しである。運良く現在の所属事務所に拾われてからも事態が好転することは無かったが、チャンスは唐突に訪れた。

『エンタの神様』である。

無名のアングラ芸人、波田陽区の名を一躍全国区に押し上げたこの番組。始まった当初は、アーティストの歌唱やマジシャンのパフォーマンス、果ては一般視聴者の芸に至るまで何でもござれの〝総合エンターテインメント番組〟を標榜していたが、お笑いのパートが高視聴率だったことから、開始半年で芸人のネタ見せ番組へと大きく舵を切り、評判となる。

ところが、肝心の芸人が不足気味。特に番組独自のスターの発掘が急務となった。結果、あらゆるお笑いライブや事務所のネタ見せに番組スタッフが出没し、無名の芸人達を撮影していく、謂わば、〝出張オーディション〟が始まる。

「ウチの事務所だけでも五十組くらい撮影して行った。それにたまたま僕が合格したんです」

この時、エンタスタッフの食指を動かしたネタこそ、「ぬいぐるみと軍歌」でも「指に顔」でもなく……後にギター侍と命名されるキャラクター、その原型であった。

実はこのネタ、〝お笑い思春期〟をようやく脱した波田が、「もっとお客さんの共感を得るものを……」と新たな芸風を模索する中で、

「ウケては無かったけど、ある時ライブ終わりに、『残念!』って子供が真似をしていた」

ささやかではあるが、上京して初めて手応えを感じたレパートリー。それが出張オーディションの時期と重なるあたり、何とも強運な男である。

ここで特筆すべきは、〝ギター侍〟があくまで波田のオリジナルであり、彼の登場以降、『エ

ンタ』には、ネタのフォーマットが波田に酷似したピン芸人が溢れかえったという事実。〝波田チルドレン〟とでも言うべき彼らの特徴は、大まかに言えば、「ネタ振りをする」→「自らツッコむ」→「各々のコスプレキャラに相応しい、流行りそうなフレーズを絶叫」……ギター侍を下敷きにしたようなその構成にある。

後に、世間から、

「なんか、エンタっぽいなー……」

と揶揄され、〝エンタ芸人〟などと一括りに呼ばれることになる元凶、もとい大本が、波田陽区だったというのは非常に興味深い。賞レースのチャンピオンでもない芸人が、一つの番組内と限定的ではあったが、多くの人間の芸風に影響を及ぼし、言ってみれば、「時代の芸」を創った。これは偉業である。大袈裟かもしれぬが、波田陽区は文字通り〝エンタの神様〟だったのである。

2004年3月に「エンタの神様」に初登場した波田は、その年の9月まで出演番組を「エンタ」のみに絞る。あえて露出を抑え世間の渇望感を煽るという、芸人らしからぬアーティストの様な戦略に鼻白むが、これが見事にハマり、他の番組出演を解禁した年末の3か月間はオファーが殺到した。

「あの頃は、毎日3つ、4つ収録があった。翌日の共演者をいつでも〝斬れる〟ように、最低、20個ぐらいネタを用意しないと駄目。家に帰る時間も惜しんで、テレビ局近くのホテルに泊まり、全員分のネタをノートに書き留め、そのまま机に突っ伏して1、2時間寝る生活でした」

悪口が添えられた有名人の名前がズラリと並んだノート……もはや、〝デスノート〟である。

しかし、世間の喉の渇きはその3か月で完全に潤い、翌2005年には早くも一発屋などと囁かれはじめる。

通用しなくなった毒舌

一発屋と化す過程で、悪口……もといギター侍の真骨頂である毒舌が、諸刃の剣となって波田を苦しめた。

俗に言う〝毒舌キャラ〟を成立させるためには、それ相応の覚悟と、高度な笑いの技術が求められる。

「(笑いの)腕があるなー!」

「コイツの才能には敵わないなー!」

という認識が皆に共有されて初めて、人は罵詈雑言を浴びせられても笑顔で「ギャフン!」と言ってくれるのだ。大切なのは説得力。そしてそんな毒舌芸人は、多くの場合〝イジる側〟であり、〝イジられる側〟ではない。波田は勿論、後者である。

そもそも、彼の〝毒〟は、その成り立ち、前提条件からして違っていた。

かつて、事務所の先輩ふかわりょうは、

「負け犬みたいな奴が芸能界の外からギャンギャン吠えているから面白かったけど、それが芸能界の内側に入ると、『身内を斬る』ことになってしまう」

と分析したそうだが、言い得て妙である。

端正とは言えぬ顔立ちに、よれよれの一丁羅の着物。所謂、華は……無い。

不気味な調べのギター演奏は、お世辞にも上手いとは言えぬ。

何より、「エンタ」に出演し始めた頃の波田は、誰も知らぬ無名の芸人。〝芸能人〟とは対極に位置する……どちらかと言えば、視聴者に近い存在であった。

そんな人間が有名人をこきおろす様が痛快だったのであり、斬られる側とて痛くも痒くもない。謂わば、昭和の野球場で散見された、昼間から酔っ払い野次を飛ばすおじさんと同じ。

「夜のバット振り過ぎやー！」

「腰フラフラやぞー！」

遠く離れた外野席から、不意に響き渡る無責任な罵声……〝負け犬の遠吠え〟だからこそ、人は皆許容し思わず笑ってしまう。しかし、金と名声を手に入れ、〝芸能人〟の仲間入りを果たした波田の毒舌は、その拠り所を失った。

となれば、今度は的確な技術に裏打ちされた、絶対的な説得力が求められるのは先述の通り。

しかし、波田にはそれが無かった……〝残念〟なことに。

皮肉にも、ギター侍は、売れていない方が面白いという構造的問題を孕んでいたのである。

「一生みすぼらしい方が良かったのかも……華やかな世界に踏み込み過ぎた」

今にも切腹しそうな面持ちの波田。

ブームの最中は、

「僕を斬って！」「あたしも斬ってー！」

駆け寄って来た連中を正面から堂々と袈裟斬りにしていたが、人気が凋落すると、離れて行く人間を背中から斬り付ける格好に。もはや辻斬り、いや追い剝ぎである。笑えない。

一発屋となった現在なら、再び〝負け犬感〟が復活し、毒舌が成立するのでは……そう簡単な話でもない。

一度売れて、今売れていない人達、即ち失敗した〝芸能人〟が一発屋である。芸能界という同じ土俵で優劣が確定した以上、勝ち組の有名人にいくら毒を吐いても、

「お前に言われる筋合いないわ！」

と一蹴されて終わり。同じ野次でも外野の客と相手チームのベンチからでは、対応も変わる。しかも、吠えている当人は、前の打席で三振しているのだ。

もう毒舌は通用しない。

武器を失った波田は苦しんでいた。

「営業でギター侍をやっても２００５年からずーっと〝ややウケ〟で……」

シチューならとろ火でコトコト良い感じだが、お笑いで10年以上〝ややウケ〟……スパイ機関の新しい拷問に採用されそうである。

しかも、ギター侍は、絶叫する箇所が多いネタ。人の悪口を叫んで〝ややウケ〟となると、使い手のメンタルのダメージは相当なもの。悪しき記憶が蘇るのか、項垂《うなだ》れる波田に、フォローの言葉を掛けることさえ出来なかった。

と言っても、事態の深刻さに二の句が継げなかった……わけではない。〝ややウケ〟という言い方が引っ掛かったのである。

何度か共演する内に、筆者が抱くに至った彼の印象は、

「大体、スベッてる」

であり、〝ややウケ〟ではなかった。

それも、尋常なスベり方ではない。

自爆テロさながら、まるでそれが〝正義〟だと言わんばかりに、自ら進んでスベりに行く彼を目の当たりにする度、恐怖にも似た感情を覚えたものである。

思い切って、過去の波田の〝大惨事〟の件に水を向けると、

「確かにクソスベッたなー（笑）。あの時はもう辞めようかと思いました」

〝クソスベッたなー（笑）〟じゃない。

当時の心境を訊けば、

『どうせ（ギター侍）やってもウケないんでしょ？　どうせ変な感じになるんでしょ』って思ってた」

いい歳の大人が、拗《す》ねていたらしい。

「食うためにやってましたけど、本当はしたくなかった。ネタをしても、どうせウケないことを知ってるから……」

ネタをする。

予想通りスベる。

彼にとっては、只の答え合わせ。しかもその答えは〝間違っている〟のだ。永遠に終わらぬ神経衰弱……文字通り、どうにかなってしまう。波田の目に映っていた世界のあまりの寒々しさに背筋が凍った。

「一発屋の人なら分かると思うんですけど……」

道連れにしたいのか、会話の合間に時折差し込む波田。

（共感したら終わりだー！）

返事をし振り向けば、〝黄泉の国〟行き決定……古事記に名高い、イザナギ・イザナミの失敗を筆者が繰り返すわけにはいかない。

（早く取材を終えねば……）

本連載始まって以来、初めての感情が芽生えた。

確かに一発屋のレッテルを貼られると、〝もう終わった人〟、〝古いネタ〟との認識が生まれ、客が笑い辛くなる現象は少なからずある。しかし、波田の言い分がプロとしての矜持に少々欠けるのも事実。口幅ったいが、筆者の知る一発屋芸人達はウケるための努力を惜しんではいないし、時には不利な状況を逆手にとり、華麗に爆笑をさらっている。魔界に引き摺り込もうとする波田の誘いに乗るわけにはいかない。

無言の抵抗を続けると、

「イジけたまんまです……10年以上」

諦めてくれたが、いやはや、重症である。こんなにストレートに泣き言を言う芸人……いや社会人は見たことがない。

しかし反面、格好を付けず、本心を全て吐露してくれた彼に、以前とは違う何か覚悟の様なものを感じた。

〝売れっ子〟時に稼いだ金も、

「芸人仲間との飲み食いや旅行の代金を、僕が全部支払ったりしていた」

無計画な散財で、見る間に目減りしていった。周囲の人間が家を買ったと耳にし、

「俺も、何か後に残るものを」と焦ったが、金が足りずに、仕方なく〝墓〟を買った。30代で終活を済ませ、死後の自分の居場所だけは確保したというわけだ。

過去のインタビュー記事では、

「街を歩くと、『あっ！　一発屋芸人だ‼』と指を差され、『お父さんと一緒に外歩くの嫌だ！』と子供に言われた」

と悲し過ぎる告白も。

とにかく、一発屋の十字架を一身に背負ったような男である。

波田自身、そんな拗ねた自分が嫌でしょうがなかった。

「変わるキッカケを探してたんです」

40歳という人生の区切り、中年を迎えた彼は、遂に一大決心をする。

一発屋、故郷へ帰る

2016年春、波田陽区は、妻子を伴い活動の拠点を地元に移した。

「丁度、子供が小学校に上がるタイミングで、自分の環境を変えるには、もうここしかないと」

地元と書いたが、正確には生まれ育った山口にほど近い九州の福岡。そこには彼の所属事務所の九州支部があった。

一発屋、地元へ帰る……「故郷に錦を飾る」などというが、それとは程遠い帰郷であった。

彼の錦は既にボロボロ。

見る影もない。

吉本興業の『あなたの街に住みますプロジェクト』の「住みます芸人」が、全国各地に移り住み、独自の活動を展開している時代。地方に拠点を置くことは、今や別段珍しくもない。実際、波田が籍を置くワタナベ九州の功労者、〝パラシュート部隊〟の二人と〝ゴリけん〟は、10年以上前の2006年に福岡へ移り住み、かつて博多華丸・大吉も在籍した福岡吉本一色だった土地で、ゼロから仕事を開拓し人気を得た。

しかし、一世を風靡した、全国区の知名度を誇る〝一発屋〟が地方に移り住み活動したという例は聞いたことが無い。その意味で、波田の決断は画期的だったと言える。芸の発明ではなく、生き方の発明……一発屋の働き方改革である。

「『東京から逃げた』『福岡舐めるな！』と言う人もいると思う。でも、決して福岡を舐めて来たわけじゃないし、東京に戻りたいとは一切思わない。お笑い芸人として福岡にずっと住むつもりです」

と語る波田の表情は、移住前の話をしている際とは打って変わってキリッと男前である。

福岡での仕事の状況を尋ねると、

「1日に2、3個仕事が入る時もあり、『働いてる！　人に必要とされてる！』と凄く嬉しい。事務所や先輩……色々な方が助けてくれて、〝今は〟一つ一つの仕事に感謝してます」

（〝今は〟……？）

「九州方面の営業が増えました。東京から芸人を呼ぶより交通費がかからないから有利なんです！」

（そんな生々しいこと言わない方が……）

遠くの売れっ子より近くの一発屋。赤裸々な仕事事情を明かしてくれる彼に、筆者が前週、営業で小倉と鹿児島に招かれたなどとは口が裂けても言えない。

現在は福岡と山口でテレビ、ラジオのレギュラーも幾つか獲得し、収入も安定してきたとのこと。しかし、自分が移住したのは、何も金銭的な話だけではないと波田は語気を強める。

「福岡は、一発屋の仕事だけじゃない。普通の一タレントとしての仕事があるので、やりがいがある。〝ギター侍〟ではなく、〝波田陽区〟として呼んで頂けると、ゼロから頑張れる。……子育て中の奥さんが『私だって女なのよ』ってよく言うじゃないですか。あんな心境ですかね。母親だけど、女としても見て欲しいみたいな」

「色違いのTシャツ」程度の不必要な例えを付け加えられたおかげで、筆者の理解力が侮られたのかと少々憤るが、

（東京ではなかった仕事が福岡だとあるって……）

〝舐めている〟と思われないか心配だ。つくづく脇が甘い男である。

「勿論、今も〝ギター侍〟の仕事はあるけど、〝波田陽区〟とのバランスが取れてて。今、心がすごく平和なんです！」

（……ギター侍と波田陽区のバランス？）

一発屋に対する世間の冷たい仕打ち、その苦痛から逃れるために、〃ギター侍〃を別人格とし切り離したのか。少々不気味だ。

勿論、波田も仕事を貰うだけではない。彼自身、新天地に馴染む努力を怠ってはいない。

「舐めて来たと思われないよう、ＡＤさんにもちゃんと敬語で接してます！」

（……前はタメロやったん？）

全体的に言い方が雑なのだ。

要らぬ種明かしも多過ぎる。

挙句の果てに、

「義母が何年か前に病気で亡くなって、義父は熊本に一人暮らし。僕の親は山口だから、両方2時間ぐらいで行ける。福岡は丁度良いんです」

親の介護問題を扱った深夜のドキュメント番組の様な受け答え。もうお笑いは関係ないし、〃丁度良い〃も頂けない。

不穏な空気を察し焦ったのか、

「世界で一番良い街は福岡です！」

「新幹線もあって空港も近い。交通の便がとにかく良い！」

選挙活動のように、矢継ぎ早に福岡ラブを訴える。分かり易い男である。彼の心理は透け透け……海老の赤にパクチーの緑、ベトナム名物〝生春巻き〟さながら。

正直波田のことは、好きでも嫌いでもない。一発当てた彼の芸は尊敬するが、人間としては欠点の多い男だと思っている。しかし、何処か憎めない……それが波田陽区なのだ。

若手ライブで最下位

一方、彼を迎えた側……元々福岡で活動していた芸人達の想いはどうだろう。

「正直、あまりウェルカムではなかったですね……」

と告白するのは、福岡での活動歴が10年になるという北九州出身のお笑いコンビ〝おりがみ〟の入江真潮。彼の相方・山下正行も、

「僕達ローカル芸人は、東京の芸人さんが来ると、『福岡を舐めてるんじゃないか？』、『下に見てるんじゃないか？』とか、どうしてもあるんですよ……」

波田の懸念もあながち杞憂ではなかったようだ。確かに、かつて一世を風靡した一発屋がその知名度を振りかざし、自分達の仕事場を荒らしに来た……そう身構えても不思議ではない。

しかし、そんな彼らも今では、

「波田さんにはお世話になってます！」

とすっかり警戒を解いている。

「初めて会った時に、『福岡のことをとにかく色々教えて』と。何が美味しくて、誰が有名で……福岡のことを好きになろうとしてくれてると感じました」（山下）

食レポが好きで女性版・石塚英彦を目指しているというピン芸人、とんこっちゃん・ふじ子も、

「若手はチケットノルマがある。上の先輩はないんですが、波田さんは『僕ノルマ全然持ちますよ』って」

（全然……？）

いや、もう気にすまい。

「波田さんは本当に優しい！」

「説教もしない！」

「人間的なことを教えてくれる！」

口々に称賛する後輩達。彼らが波田を慕っているのは間違いないようだ。

唯一引っ掛かるのは、彼らの口から人間・波田陽区の話は出てくるが、芸人・波田陽区の話題は皆無だということ。

胸騒ぎがする。

恐る恐る尋ねると、

「波田さんは若手と一緒のライブに出ていて……」（入江）

いや、立派である。初心に返って一から……と感心したのも束の間、「ライブの終わりに、誰が面白かったか、客の投票によるランキングが発表される。でも波田さん、2か月連続最下位で……」（山下）

惜しい。

40にして、福岡へ移住し、若手と同じ舞台に立って、再出発。後はウケれば百点満点。美談の完成までもう一息……しかし、そこは世紀の〝スキーヤー〟波田陽区。相変わらずスベっているようだ。

後輩達も辛かろう。「波田陽区って面白くないと思ってたけど、やっぱ一度売れただけのことはあるよね！」と声を大にして言いたいはず。それが一番気持ちが良い。なのに、肝心の本人が、この体たらく。

取材後、後輩達と波田を誘い、酒席を囲んだ際も、

「えっ？　波田さんって、お笑いやってたんですか？」

「今もやってるよ！　ギター侍、知らねーのか！」

「ギ……ギター侍……？」

などとイジられ放題。

二転三転して申し訳ないが波田の、「福岡を舐めていると思われたら駄目だ！」との心配は、やはりお門違いであった。

舐められているのは波田の方。勿論、いい意味である。

色々と残念な一発屋……波田陽区。

転落、迷走、苦悩、流転、挫折……10年以上の長きに亘り、世間が望む一発屋像、特にその〝残念〟な部分を体現し続ける男。

大ブレイクという山の頂にヘリコプターで一気に運ばれ、斜面をスベり降り始め早や十数年、未だスベっている。

しかし、裏を返せば、それは彼の到達した山が如何に高かったか……ということではなかろうか。10年以上立派に飯を食い、妻子を養っている。もはや〝負け〟は波田の生業……彼は勝ち組なのだ。

現在の彼の一押しの芸は、近年苦し紛れに始めたユーチューバー活動、「こんなところにフェニックス」である。

様々な場所に、金色の派手な衣装を纏った波田が現れ、「フェニックス！」と叫びながら、求愛する孔雀よろしく羽を広げる……時間にして約20秒、只それだけの動画。

余りのつまらなさが逆に話題となり、先日「めちゃイケ」にて披露した際も、見事なシュプールを描いた。
山の麓は、まだまだ先の様である。

ハローケイスケ

不遇の〝0・5〟発屋

Q：ハローケイスケという芸人を知っている

……唐突にアンケートを突き付ける無礼をお許し頂きたい。

しかし、どうしても確認しておきたいのである。2017年現在、一体何人の読者がこの質問に手を挙げるのかを。

「悩むとハゲるというが、ハゲが悩みだ」

「屋根より高い鯉のぼりを見た事がない」

「小さい頃、コップに入ったおじいちゃんの入れ歯を見て、怖くて泣いた事がある」

筆者が手にした一冊の本。小説やエッセーの類ではない。街頭アンケート風の語り口で、〝あるある〟を中心に綴られたお笑い芸人のネタ本である。出版されたのは十数年前だが、色褪せた表紙とは対照的に、古さを感じさせぬその中身は率直に面白く、声を上げて笑ってしまう。

それは即ち、この本の著者……ハローケイスケの芸や発想が一過性の流行りものではない事の証。事実、流行りはしなかった。

ハローケイスケ。

ペナルティ、ＤｏｎＤｏｋｏＤｏｎ、ロンドンブーツ1号2号と華やかな顔触れを同期に持つ、芸歴24年目のベテラン芸人。御年46歳である。

２００4年の「エンタの神様」初登場以降、同番組に出演する事十数回、冒頭に掲げた『ハローケイスケのあやしいアンケート』なる著作も刊行したが、一世を風靡……とまでは行かず。〝紅白出場〟〝流行語大賞〟〝社会現象となった〟等々の一発屋の定番エピソードとは縁がない。その一方で、

「皆から『本当に才能のあるヤツ』、『カリカ（現在は解散）か、ケイスケか』と言われていた」

彼をよく知る後輩芸人の証言だが、業界からの評価も高く、将来を嘱望された時代もあった。要するにハローは、確かな才能の片鱗を見せながら一発屋にさえ成り損ね、プチブレイク……〝0・5発屋〟に甘んじた男なのである。

今現在、彼の消息は殆ど聞かれない。冒頭の質問に挙手した読者も１００人中10人……いや、5人に満たないだろう。本連載の取材時に準備する年表にも空白が目立つ。埋めようにも、過去のインタビュー記事等の資料が殆ど見当たらないのだ。余りの痕跡の少なさに、

「彼は本当に存在したのだろうか……」

と疑心暗鬼に陥るほどである。

そんな筆者の不安を拭い去る様に、新潮社の会議室に現れた一人の男。他ならぬ、ハローケ

イスケ、ご本人である。

青いシャツにサングラス……律儀にも、別室で舞台衣装に着替えての御登場。一見、「ラッセンが好きー♪」で人気の〝永野〟にも似た風貌だが、幾分しょぼくれて見えるのは、厳しい現状が加齢臭よろしく泌み出しているせいだろう。

無理もない。

「エンタ」以降、テレビ露出はほぼ皆無。営業仕事もないに等しい。0・5発屋のハローには、「テレビ出演は激減したが、地方営業で十分稼いでいる」という一発屋にはお馴染みの〝年金生活〟は用意されていなかった。彼がこれまで本連載に登場した芸人達と一線を画しているのはこの点。芸歴的にはベテランの域に差し掛かりながら、ハローは現状、お笑いでは飯が食えていないのである。

「毎日心がポキポキ折れる音が聴こえる」

その心情を率直に吐露する彼だが、それでも芸人を辞めようとはしない。

何故だろうか。

客にツッコミを任せる

大阪生まれのハロー。

彼と同世代の芸人の多くがそうであるように、「ドリフ」、「ひょうきん族」を経て、ダウンタウンに衝撃を受けた。

大学4年のある日。購買部で立ち読みしたタウン誌で、新たにオープンする演芸場、〝銀座7丁目劇場〟の出演者募集の記事を目にし、卒業するとすぐさまオーディションを受けた。結果は、見事合格。数々の売れっ子を輩出した劇場の1期生として、芸人人生をスタートさせる。半月もせぬ内に舞台に上がり、順風満帆かと思いきや、無風の下積み生活が続き、いつしか芸歴10年の節目を迎えた。

そんなハローに、文字通り〝神〟風が吹く。「エンタの神様」からの出演オファーである。その少し前から始めた〝アンケートネタ〟が、新人発掘のため劇場を訪れていたディレクターの目に留まったのだ。

そもそも、このアンケートネタ、とあるお笑いイベントに出演した際に持ち時間が10分と言い渡され、

「当時は、そんな長い時間やった事がなかった。『これはもたないな』と、客にアンケートを取る事に。質問を面白くすれば笑いになるのでは……」

と捻り出した苦肉の策であった。

「でも、自分で説明とかツッコミを入れるのは何か気恥ずかしい。ネタ的にはあった方がウケるけど、ピン芸人だし……悩んだ末に、『客に心の中でツッコんで貰おう！』と」

「気恥ずかしい」……要は、「ダサい」ということ。ハローの芸に対する美意識は、後に「エンタ」で隆盛を誇ることとなる、「ネタに自分でツッコむ」「説明する」というスタイルを端《はな》から拒絶していた。結果、アンケートネタの最大の肝、〝ツッコミを客に任せる〟という斬新なシステムが誕生する。質問内容で笑いを確保した後、無言で観客に挙手を促す。それが、客各々の心中でツッコミとなり、更に笑いが加算されるという仕掛け。

「『よく振ってからお飲み下さい』……開けてから気付く」

「ガムを噛むとちょっと強気になれる」

といったあるあるは勿論、

「きびだんご、たったひとつで命がけの旅に参加させられた」

など昔話を題材にしたものや、

「ブラインドの隙間から、窓の外を覗いた事がある」

誰もが一度は真似していそうな刑事ドラマあるあるに、

「犯人が逃げようとするヘリコプターに飛び付いた事がある」

と続けたりもする。両者共にドラマではよく見る場面だが、〝ヘリコプター〟は現実には真似出来ないので観客の挙手はない。

（いや、それは無理でしょ！）

と心の中でツッコむのみだが、万が一、お調子者が手を挙げても、

「いや、嘘つけ！」
と演者がツッコめばこれまた笑いに。今度は客がボケ役を担う格好である。いずれにせよ、〝黙って手を挙げる〟という、最小限のカロリーとリスクでネタに参加出来るため、ステージに対する観客の集中力も高まりウケやすい。何より、切り口の違うネタが違和感なく一つの漫談に同居出来るのは、アンケートという設定の賜物。その発想・構成の巧みさに舌を巻く。これ程スマートで無駄のない芸は他に類を見ないのではなかろうか。

このアンケートネタを引っ提げ、人気番組への出演を果たしたハロー。評判も上々で、

「驚くほどの反響があった。それまで全く無かった営業のオファーは来るし、客前に立つと黄色い声援が飛んでくる。やっぱりテレビは凄いなと」

しかし、そこは芸歴10年の中堅。

「ゴールはここじゃない。もっと顔を売って、次のステージに！」

と驕る事無く身構えたが、次第に「エンタ」に呼ばれる回数が減って行く。そして彼の一発、その風船は弾けることなく急速に萎み始め、ほどなく終了。後には、何も無いのに表情だけキリッとした男が一人佇むのみ。何とも気まずい結末となった。

ハロー、網走へ行く

次にハローの姿を世に見るには、再び10年近くの月日を待たねばならない。もはや、その出現のスパンは、〝ハロー〟と言うより〝ハレー〟である。

40の大台を迎えた、2012年春。

彼は北の大地、網走にいた。生活に窮し、パンを盗んでムショ暮らし……というわけではない。前年から始動した吉本興業のプロジェクト「住みます芸人」として赴任したのである。

東京での活動は、正直ジリ貧。バイト三昧の日々を打破するため環境を変えたかったのは勿論だが、

「1年間、吉本の仕事が出来る。『芸人で食べてます』と胸を張れる!」

との想いが何より強かった。

「自己紹介の時は、『芸人です』じゃなく『芸人目指してます!』と言うようにしてる」

と語る通り、ハローはこの線引きに異常に拘る男である。インタビュー開始時、紙媒体の取材にもかかわらず衣装を着込んだ彼に、

「流石、〝プロ〟ですね!」

と編集氏が軽口を叩くと、

「いや、食えてないんで！」

と即座に釘を刺していた……恐らくは自分自身に。

「勘違いしてると思われるのが嫌。芸人で生活出来てないので、プロじゃない」

否、むしろプロ意識の塊。自尊心の可動域を最小限に抑え、常に自分で自分に釘を刺すその姿は、セルフサービスで磔になるイエス・キリストである。

かくして北海道へと渡ったハロー。

「当時の住みます芸人の中では、最も行政に食い込んだ自負がある！」

芸人というより、ゼネコン社員のような〝自負〟だが、彼の〝住みます〟は少々特殊であった。網走市から事業委託を受けた観光協会が、臨時職員としてハローを採用するというもので、その主な活動は、なんと窓口業務。

「9時出勤、6時退社で、毎日受付に座ってた」

ローカルタレントと言うより、公務員。「食い込んだ」ではなく、「就職した」あるいは、吉本から出向したと言った方が正しい。

給与は時給800円程。住まいは職場に程近いワンルームのアパートだった。

久し振りに味わう安定とは言え、芸人的には些か温《ぬる》い環境。さぞかし物足りない毎日……かと思いきや、

「のんびりしてて、凄く気に入った。真剣な恋愛とかしてたら永住してたかも」

芸に対する求道者的姿勢から受ける印象とは程遠い腑抜けたコメント。それほど穏やかな日々に飢えていたのだろう……と信じたい。

人と擦れ違う事など殆どない網走の街を散策したり。

地元の人に連れられて、時間が経つのも忘れて山菜摘み。

砂浜で珍しい石を拾っていたおじいさんと意気投合したり。

休日には、港にクジラの解体を見物に……と、網走暮らしを満喫するハロー。

勿論、住みます芸人としての使命も忘れない。〝さかなクン〟と瓜二つのビジュアルのキャラクター、「ザンギマン」に扮しての特産物のPR、流氷船上での合コンパーティー「ふねコン」を自ら企画し成功に導くなど精力的に活動した。

不満と言えば、網走にはテレビメディアがなく、

「ローカルだけどテレビに出ている！」

という住みます芸人特有の御褒美にありつけなかった事位だが、代わりに他では経験出来ない仕事もあった。

網走と言えば、『網走番外地』に代表されるヤクザ映画の影響か、いまだ刑務所のイメージが強い。筆者など、漫画『北斗の拳』のカサンドラ……〝鬼の哭く街〟を連想する始末だが、「そこは網走の人はあまり言って欲しくない。『刑務所以外にもあるよ！』とアピールするのも僕の役目だった」

と少々お怒りのハロー。

しかし、仕事は別腹とばかりに、刑務所のカラオケ大会に参加したエピソードを披露してくれる。

「12月に催される恒例行事で、体育館に集まってのど自慢の受刑者達が歌を披露する。彼らも凄く楽しみにしてるけど、時間制限があるので1曲全ては無理。皆1番だけ」

所謂、〝「ミュージックステーション」方式〟である。

「全員が歌い終わると、審査時間が15分位ある。その間、場を繋ぐのが僕の仕事でした。アンケートネタをしようと思ってたら、事前打合せで刑務所の担当者が、『万が一、ネタで受刑者の方々の気に障るような事を言うと良くない』と執拗に言ってきた。下手に恨みを買っては、と僕の身を案じてくれたようで……」

ハローのネタに受刑者を刺激する箇所があるとは思えない。しかし、震え上がった彼は、十八番を断念。

「3曲で丁度15分くらいになる」

と歌唱で乗り切る事にする。

「とにかく喋るのが怖くて。余計な言葉を言ってしまうのではないかと……」

トークは一切挟まず、ひたすら歌い続けた。本来主役の受刑者達は満足に1曲も歌い切れぬのに、ハローだけフルコーラスで3曲。恨みを買ったに違いない。しかも、

「折角なら、感動や勇気を与えたい！」

あらぬ使命感に駆られた彼は、網走刑務所をイメージして作られたという桑田佳祐の『白い恋人達』を1曲目に。2曲目は、「受刑者達には愛が足りない」という上から目線の理由から、KANの『愛は勝つ』を。セットリストの締めは、「学校で習うし、皆が知っているはず」と、赤い鳥の『翼をください』を選曲した。

しかし、渾身のラストが全く盛り上らない。

仕事を終え、刑務所を出る時にハタと気付いた。

「塀の中で、『願いごとが叶うならば　翼がほしい～♪』は拙《まず》かった……」

受刑者からすれば、

「いや、翼もがれとんねん！」

職員側に立てば、脱獄推奨のメッセージソング。その場に居合わせた人々の複雑な胸中は察して余りある。

生活が回らない

望外な展開もあった。

あの世界に誇るキャラクター、〝ハローキティ〟とのコラボが実現し、ハローケイスケバージョンのハンドタオルが網走限定で数百枚発売されたのだ。

実はハローケイスケの「ハロー」はハローキティの「ハロー」。彼が30歳の頃、バイト仲間から、「芸がシュールだから、名前は可愛い方が良い」と助言され、拝借し改名したのである。10年来、自称の〝ハロー一門〟だった彼が晴れてサンリオ師匠に認められ、ハロー亭の屋号を正式に襲名した瞬間だった。

予算の関係上、最初から期間限定の「住みます――」だったので、彼の網走生活は懲役1年、もとい1年間で幕を閉じる。

それなりに成果を残し、東京に戻ったが、芸人の仕事が増えているわけでもない。

「元に戻っただけ。アフターケアも何もない……刑務所出た人と同じ」

暫くは網走時代のツテで海産物の移動販売の仕事に就くが、職場環境に馴染めず、長くは続かない。

「もう、ヒッソリと暮らそう……」

もはや余生といった趣き。

「どうせ吉本からの仕事はないし」と東京のアパートを引き払い、長野で隠居生活を楽しむ両親の元に身を寄せるが、

「あんた……これからどうすんの？」

落ち着く暇も無く放たれた、親御さんのカウンターの一言。

「高齢の親の為にも、半分良かれと思って来たのに、『あっ、来て欲しくなかったんや……』と」

44歳、ほぼ無職の息子との対面に感動など無い。〝勘当〟されなかっただけましである。芸人らしく空気を読んで東京に逆戻り。その後、現在の同居人と知り合い、都内で二人暮らしを始めるに至る。ルームメイトの男性は同じ吉本の芸人らしいが、

「もう2年くらい芸人の仕事がない、郵便局でバイトしてる人」

要するに、〝バイトの人〟である。何とも頼りない二人が寄り添ったものだ。

現在の主な収入源を聞くと、

「スロットです！」

芸人としては、哀し過ぎるお財布事情を事もなげに言う。

「去年3か月広島に出稼ぎに行った。知り合いの社長の会社で事務作業とか色々。それで100万貯めて戻って来た」

その軍資金をパチスロに投入。

「もう1年以上。細々と生活出来てる」

一体、何の話を聞かされているのか分からなくなってきた。堪り兼ね、膨らむ一方の筆者の疑問を率直にぶつける。

「芸人を廃業しようと考えた事は？」

すると、

「正直ここまで来たら、死ぬまでお笑い辞められない。他に出来る事もないし」

その割には、お笑い以外の色んな仕事に適応出来ている。それがまた哀しい。

「まあ人並みに、エクセルとかも出来るからねー」

〝ハローワークの窓口で、自己アピールする定年サラリーマンのような発言で茶化してはいるが、

「しんどいけど、やっぱり芸人が好き」

と続けた一言が本音だろう。

最近では、自前のユーチューブチャンネルを開設して動画を配信したり、

「創作落語をやってみようかと」

と意欲は十分。ただ、

「その為に、まず古典を勉強しようかなという〝段階〟」

一刻も早く次の〝段階〟に進んで欲しいものだが、

「いや……毎日スロットが忙しくて」

スロットを回さなければ、首が回らぬ苛酷な現実を生きている。50歳を目前に「諦めるのはまだ早い！」と言うより、「諦めるにはもう遅い」……そんなところかもしれぬ。

師匠と弟子

そんなハローを15年に亘って傍で見守り続けた人物がいる。

お笑いコンビ、ニューロマンスの〝おにぎり〟である。

「鼾が異常にうるさい」というその体質や、バレーボールで鍛えた身体能力を武器に、テレビ露出も時折ある芸人。芸歴はハローの9コ下だが、只の後輩ではない。

彼とハローの関係性は、〝師匠と弟子〟。失礼ながら、売れてもないのに、ハローケイスケには弟子がいるのだ。

「いや、まあ、設定というか……〝師弟ゴッコ〟みたいな感じです」

悪戯《いたずら》が見つかった子供のように、居心地が悪そうなハローだが、

「営業では、僕のネタをしても良い事になってる」

とアンケート芸も継承済み。いやいや〝ゴッコ〟という割に、しっかりとした師弟関係にあるようだ。

それにしても、何故、ハローに弟子入りしたのか。

弟子の話も聞かねばなるまい。

「師匠との出会いは、僕が芸歴2年目の頃でした」

身長190センチを超えるおにぎりが居住まいを正して語る。当時、ハローは「エンタ」に出演し絶頂期。「男のココア」なる草野球チームを主宰し、メンバーにはタカアンドトシのタカ、カラテカといった芸人達も名を連ねていた。

「当時はタカトシさんも上京したてで全然売れてなくて、ケイスケさんがトップ。一番多い時で20人位いましたかね……」

ニシン漁の最盛期を懐かしむ老人のように遠い目をするおにぎり。彼もまた北海道出身である。この野球チームに勧誘されたのが始まりだったが、ある事件をきっかけに、「男のココア」からはどんどん人が去って行く。

「ある時、バットが一本無くなった。そしたら、バットを管理してた後輩達に向かってケイスケさんが、『お前が盗んだんだろ!』って……」

「お前が無くしたのか?」を飛び越えて、「盗んだろ!」……チームを率いる器では到底ない。結局、この〝バット紛失事件〟が引き金となり、「男のココア」は崩壊。その後、性懲りも無くハローはマラソンチームを発足させるが、参加費等の金銭問題でこれまた皆辞めていく。折しも仕事面でも下り坂。ハローの周囲からは誰もいなくなった。

そんなある日、二人は新宿のラーメン屋に呑みに行く。

「雨の降る夜でした。テレビの露出が減って、人気も無くなり、後輩も離れて行く。辛かったんでしょうね……ケイスケさん、ラーメン食べながら急にオイオイ泣き出して。それで店を出たら、ビニール傘を足でUの字に曲げて、『うわーー!! 何でこんなんなったんだ!』と叫んで。もう可哀想で……僕はこの人から離れられない、『何でもさせて下さい!』と」

2メートル近い大男の母性を刺激する中年男。その魅力は、本家ハローキティを超えた。

かくして師弟が誕生。現在は自分の芸人活動の傍ら、ネタ作りや、ユーチューブ動画の撮影など甲斐〴〵しくハローをサポートしているというおにぎり。弟子を続けていく上で、一つだけ決まり事があるという。

「毎年、年末になると、来年も続けるかという意思確認があるんです」

謂わば、弟子のライセンス更新制度だが、既に今年で15年目だという。

「僕が辞めると言ったら終わりなんですけど……毎年12月になるとケイスケさん、妙に優しくなる。普段と違って奢ってくれたりとか。それで年の瀬に呑みながら寂しそうに『で、どうなんだ?』って聞いてくる。『……じゃあ、やります』って言ったら、嬉しそうなんですよ。でも一度もお年玉を貰った事はない」

スロットで生活する師匠については、

「本当に、本っ当に、駄目な人です。電話すると大体、後ろでジャラジャラとパチンコの音がしてる」

と手厳しい。だが、芸の話になると、

「師匠はアンケートネタだけじゃない。以前とあるイベントで、上半身裸のケイスケさんが、

『私の事ねぎらってよー!』って言いながら、両手に持ったネギで自分の体を叩くというネタをしてたんですけど、本当面白くて……やはり僕の師匠は凄いなと。独特の感性が勉強になる」

漲るリスペクト……スロットおじさんには勿体ない弟子である。

「最近は、僕達コンビのライブの前にアドバイスをくれる。それ面白いのかな……と思う事もあるけど、言われた通りやると見事にウケるんです」

お笑いの嗅覚は未だ衰えてはいない。後輩芸人から、

「何やってんだよ! お前はアンケート取ってりゃいいんだよ!」

などと雑にイジられることもあるというが、それもハローの人間的魅力であろう。

おにぎりには師匠に言われた印象的な言葉があるという。

「売れたとしても1年で落ちる。だから人付き合いをちゃんとしろ、と」

いや、御尤《ごもっと》もなのだが、当のハローが全く実践出来ていない。一方のおにぎりは、吉本の大御所や売れっ子の先輩方に随分可愛がられているよう

だ。弟子の方が余程優秀である。

そんな彼が、

「一緒にいたら番組に呼んで貰えるとかではなく、師匠といると面白いんです」

と言うのだから涙が出る。

「最近は酔って泣いちゃう率が高い。一緒に呑んだ後、家まで送って寝かせようとすると、

『おにぎりさん、もっといてよ。寂しい……』とか言うんです」

おにぎりさえ傍に居てくれれば……もはや、〝裸の大将〟である。

「ケイスケさんの現状は非常に厳しいと思うけど……頑張って欲しいです」

確かな才能を持ちながら、不遇の人生を送る〝0・5発屋〟、ハローケイスケ。

最後に御本人に将来の夢を尋ねると、

「還暦に売れること」

還暦までにではなく、還暦に。

果たして彼が再び日の目を見る事はあるのか。それは読者の挙手……アンケートに任せたい。

とにかく明るい安村

裸の再スタート

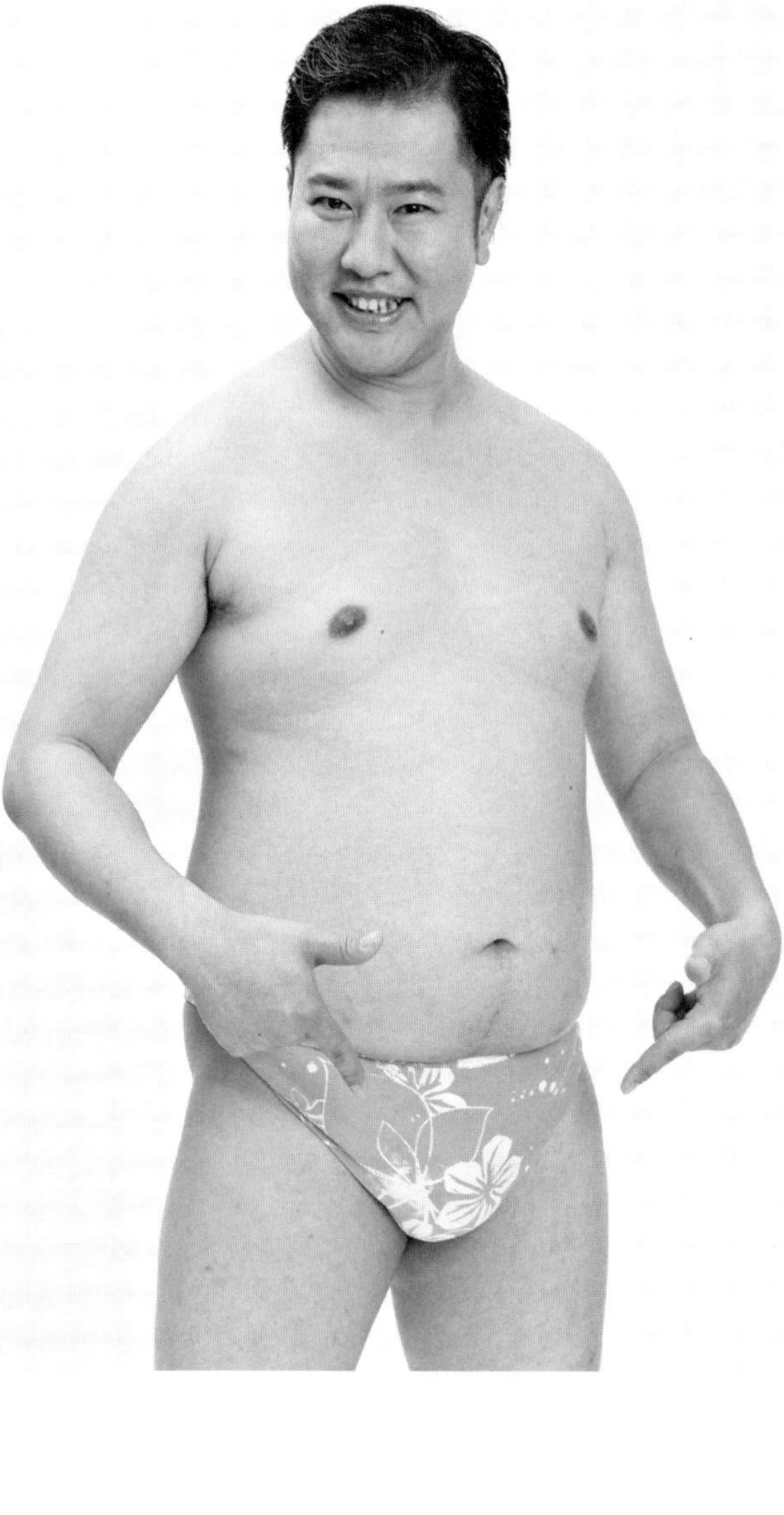

2017年8月15日。

WBC世界バンタム級王者・山中慎介と、同級一位ルイス・ネリーによる京都決戦。王者山中は、勝利すれば具志堅用高の「十三回連続世界王座防衛記録」に並ぶという注目の一戦である。

結果は、4ラウンド後半、セコンドのタオル投入による山中のTKO負け。呆気ない形で幕を閉じた。

人気ボクサーの王座陥落に、

「セコンドの判断が早過ぎる!」

「いや、妥当だった!」

様々な意見が噴出し物議を醸す中、筆者の脳裏に浮かんだのは一人の男。同じく早過ぎる〝タオル投入〟により、売れっ子の地位を追われ一発屋と化した芸人。

とにかく明るい安村である。

尤も、彼の場合は自業自得。投げ込まれたのも、タオルではなく週刊文春……俗に言う「文春砲」であった。

《とにかく明るい〝不倫現場〟安村がパンツを脱いだ！》……何とも不名誉な記事のタイトルホルダーに輝いたのが、２０１６年４月。デビューして十数年、漸く掴んだ大ブレイクから、僅か1年後の出来事である。

２０１６年と言えば、ベッキーを皮切りに、大御所落語家、人気ミュージシャン、歌舞伎役者、果ては国会議員まで……数多の著名人の〝ゲス不倫〟が次々と暴露され、月一ペースで誰かの謝罪会見が開かれるという異常な年であった。芸能界の〝不貞の神経衰弱〟を、一週刊誌が全て捲ってしまうのではと恐れ戦《おのの》いたものである。

確かに当時の安村は売れっ子ではあったが、所詮はブレイク1年目。芸能界的には新参者、稚魚の部類。週刊誌の記者に、折角キャッチした特ダネをリリースする釣り人の如きマナー、愛護精神を期待するのもお門違いだが、

「誰が若手芸人の浮気とか知りたいの？」

もう暫し泳がし、成魚になるのを待ってから〝出荷〟しても良かったのではと思わぬでもない。

いずれにせよ、件の醜聞のおかげで、彼の勢いは間違いなく殺《そ》がれた。パンツ一枚で掴んだ成功を、パンツ一枚で台無しにする……ある意味、安村の真骨頂、運命だったのかもしれぬ。

〝あれ〟から1年。

今現在、最も新しい一発屋となった男の話を聞くべく、「ルミネｔｈｅよしもと」の楽屋を

訪ねる。

予想に反して、安村は忙しかった。

勿論、その絶頂期に比べれば仕事の量は激減し、見る影もない。だがその日、筆者の前に現れた彼は、

「今日は朝から、劇場の出番が四回あって……」

海パン一枚のお馴染みのスタイル、つまりほぼ裸にも拘らず、息を切らし汗を搔いている。

以前に比べ随分痩せたように見える風貌も、

「安村、十六キロの減量に成功！　しかし、体型が変わり〝全裸〟に見えない」

と話題になった、映画のPRイベントのダイエット企画、その成果。つまりは、仕事である。

決して、〝あの報道〟による心労などではない。

「最近は、（在京キー局の）テレビ出演は大体、月一本くらい」

と本人は謙遜するが、実際は、ラジオやローカルのテレビ局で幾つかのレギュラー番組を持ち、営業や劇場でも精力的に活動中。立派に飯を食っている。

〝全裸神〟からの天啓

とにかく明るい安村。本名、安村昇剛《しょうごう》。

海パン一丁で舞台に登場するや、

「世の中には、動きや角度によって穿いているのに全裸に見えるポーズがあります！」

徐《おもむろ》に客に切り出し、軽快なＢＧＭにのせて「相撲の立ち合い」、「野球選手のバッティング」、「ほふく前進する自衛隊員」、「膝立ちで放水する消防隊員」等々、様々なポーズを決める。その刹那、客と演者の位置関係や角度、あるいはダラしなく弛んだ腹の贅肉によって、唯一身に纏った布地である海パンが隠れ、あたかも全裸のように見えるという、オリジナリティー溢れる芸でお茶の間を沸かせた。

〝全裸ポーズ〟を決めた後、仁王立ちとなり自分の股間を指差しながら言い放つ、

「安心して下さい、穿いてますよ！」

の決め台詞は、２０１５年の新語・流行語大賞トップテン入り。安村を摸したパーティーグッズは、年末の忘年会シーズン、余興に悩む人々に売れに売れ、更には全裸ポーズ写真集まで発売……と一発屋の先人達と比べても遜色ない活躍を見せた。

因みに、この〝全裸に見えるポーズ〟。アイドル好きの安村が、ＡＫＢ48・渡辺麻友のファースト写真集、『まゆゆ』の表紙を眺めながら、

「撮影現場では服着てるのかな……でも裸に見えるよなー。周りの男性スタッフとか、どうしてたのかな……」

思春期の中学生の様な仄かなエロス、妄想に興じている最中、突如閃いたもの。

言われてみれば確かに。件《くだん》のカット、体育座りをするまゆゆの姿が、あたかも一糸纏わぬ全裸に見える。しかし、ベストセラーとなった写真集、数多くの人間の目に触れた筈である。〝全裸ポーズ〟に辿り着く門戸は、何十万、何百万の人々全てに等しく開かれていたにも拘らず、天啓を得たのは安村のみ……彼は選ばれたのだ。余談だが、筆者が人生で唯一自費で購入した写真集、元モーニング娘。・矢口真里の『ラブハロ！』は、何の閃きを与えてくれる事も無く、今では〝クローゼット〟の奥深くで眠っている。

特筆すべきは、安村の直観力と洞察力。それはもはや、木から落ちる林檎を見て万有引力の法則を発見した、彼《か》のアイザック・ニュートンに匹敵すると言えよう。残念ながら、今回落ちたのは林檎ではなく、安村自身だったが。

全裸の神の啓示を受けた安村は、

「『自分だったらお腹が出てるから前屈みで……』とか、『足を上げれば……』とか、他のポーズも一気に湧き出てきた。あの感覚は芸人人生で初めて。頭の回路が急に繋がったような……」

当時を思い出し、興奮気味に振り返る。

だが、世紀の発見も、舞台で初披露した時の客ウケは芳しくなかったという。

「それまで普通に服を着てやっていた人間が急に裸で登場したから、客は『えー！』となる。しかも、最初はストリッパーのイメージ。曲は今と同じだったけど、照明はピンク。喋り方もセクシーにしようとして『全裸に見える時があるぜー』と〝スギちゃん〟ぽくなってた。『安心してください、穿いてますよ！』の部分も『大丈夫大丈夫、穿いてるから！』みたいな感じで……とにかく定まってなかった」

紆余曲折の末、

「〝エロっぽく〟を止めて、芸名に忠実に『明るく』やろう！」

と舵を切るやこれが大当たり。細部に亘る修正を施し、現在の完成形となった。

この〝全裸ポーズ〟、ワンアイデア勝負のトリッキーな一発芸ではない。

ポーズを決めた瞬間、小気味よく響く「ヘイ！」の効果音は、言うなればツッコミの役割を果たしている。昨今は頭を叩いたり、練り込まれたフレーズでボケの発言を訂正するのが主流だが、本来、表情や語気、正確な〝間〟が伴っていれば、「おい！」の一言でも十分ツッコミたり得るのだ。

加えて、構成も秀逸。まず冒頭に披露する〝全裸に見えるポーズ〟で、「こういうことですよ」とネタの見方、ルール説明をする。一通りギャグをやり終えると、本日のダイジェストと称し、「ヘイ！」の連発で全裸ポーズを畳み掛ける。そのテンポ感は、ピン芸と言うより、良く出来た漫才、優れたコントを思わせる。面白いと同時に心地よい。

当然と言えば当然。

何も不思議ではない。

安村は元々、人気と実力を兼ね備え、お笑いファンの間では今も高い認知度を誇る、〝売れかけて〟いたコンビの片割れだったのである。

有望コンビを解散

幼稚園からの幼馴染と、お笑いコンビ「アームストロング」を結成して北海道から上京、吉本の養成所に入学したのが、18歳。

その約5年後、23歳の頃には、ネタ番組「ゲンセキ」（TBS）に出演、後継のコント番組「10カラット」（同）では、ハリセンボンやオリエンタルラジオといった面々と並んでレギュラーに抜擢される。翌年に番組は終わるが、2007年、25歳の時には「爆笑レッドカーペット」や「エンタの神様」にも出演し始め、週末は地方営業やイベントにと多忙を極めた。

20代半ばで、芸人として飯が食えるようになり、28歳でNHK新人演芸大賞の演芸部門大賞を受賞。しかも、東京吉本からは初の快挙というおまけ付き。

傍目には、〝エリート街道まっしぐら〟に思えるが、2014年、突如コンビの解散を表明する。

勿論、「若手の有望株」「次世代のホープ」止まりで終わる芸人など掃いて捨てるほどいるのだが、彼らの実績は、少なくとも夢を見続けるには十分。

正直、筆者なら解散しない。

いや、惜しくて出来ない。

「仲が悪くなった」

という拍子抜けするその理由が、むしろ闇の深さを物語るようで怖ろしい。

「最後の方は、衝立の向うの足音を聞くだけで『相方が歩いてる！』と分かりイラッとしてた。そういう細かい部分がドンドン嫌になってきて。一緒にタクシーに乗った時の荷物の置き方とか、飯の食い方とか……」

幼馴染だった二人の関係性は、10年以上〝仕事〟を共にする中で変質し、修復不可能な溝が出来ていたのである。

「次に売れるのはアームだ！」

と目されていた有望コンビの解散。その衝撃は大きく、リーマンショックさながらの〝解散ドミノ〟が発生する。ロシアンモンキー、マキシマムパーパーサムといった、同じく将来有望な同期コンビ達が後を追うように区切りを付けていった。

かくして14年間の長きに亘り続けてきたコンビ活動に別れを告げ、安村はピン芸人となる。

体育座りの少女に導かれ、〝裸一貫〟の再スタートを切ったのは、その年の秋と早かった。

事務所の先輩、ライセンス・藤原一裕の結婚披露宴で、仕上がったばかりの〝全裸ネタ〟を演じたところ大ウケ。たまたま居合わせた「バイキング」（フジテレビ）のスタッフの目に留まり、同番組に出演すると、それを契機に徐々に露出が増え、翌15年には「R－1ぐらんぷり」決勝進出という結果も出し、ピン芸人に転向して僅か1年足らずでブレイクに至ったのである。しかし――。

「正直、2016年はまだ普通にテレビに出られるだろう、その次の年からが勝負、と考えてたら、いきなり出鼻を挫かれた」

ゲス不倫、いや、文春恐るべし。

御時世と言えばそれまでだが、昨今は、〝有名税〟の高騰が著しい。無茶な年貢に苦しめられた江戸時代の農民と同様、高すぎる税率に有名人は四苦八苦している。もはや、不貞＝死……決して大袈裟ではない。

SNSのやり取りまでもが世間に晒され、辱めに遭い私生活は破綻、更には得体の知れぬ匿名の〝世間〟に道義的責任を追及され、結果、仕事の大部分、時には全てを失う羽目になる。世は正に、「失楽園」となった。

「『こんなしょーもない若手、取り上げなくて良いだろ！』とか、芸人らしくツッコんで終わりにしてたらまだ面白かったのかな……どこか曖昧に、中途半端にしたまま引っ張ったから、長引いたのかな、と……。不倫（報道）ブームだったし……」

当時の往生際の悪さを、今また往生際悪く反省する安村。

ただし、その未練がましい悪あがき体質は、〝再起〟に向けても遺憾なく発揮されている。

後述するが、安村は現在試行錯誤の日々を送っており、諦めてなどいない。

しかし、失速してしまったのは事実。

そんな安村と入れ替わる様に、一人の芸人が台頭する。

もう一人の裸芸人

「やはり、意識はします。コインの表と裏ですから、僕と安村さんは」

「情熱大陸」（TBS）のインタビューと勘違いしているのか、過剰にハンサムな口調で答える男。

全裸で舞台に登場し、手にしたお盆を駆使して股間を隠す芸で、只今ブレイク中のピン芸人。アキラ100％である。

何の悪戯か、神は同じ時代に二人の〝全裸芸人〟を世に遣わした。

2017年、即ち、安村が失速した翌年の「R-1ぐらんぷり」で見事優勝を果たし、正真正銘〝裸の王様〟となったアキラ。以後、順調に露出を増やし、BPO（放送倫理・番組向上機構）に目を付けられるほどの売れっ子となる。安村を山中慎介とするなら、差し詰めアキラはネリーといったところか。

彼の所属事務所の一室に赴くと、全裸界の新王者は服を着ていた。着衣姿に違和感を覚えるが、それほどアキラの裸を見慣れているということ。つまりは、売れっ子の証である。大体、〝正装〟で居られても困る。全裸にお盆一枚の年上のおじさんと密室で対峙するのは勘弁だ。

話を戻す。

〝コインの表と裏〟……「両面に裸の男がデザインされた、新宿二丁目界隈で流通するヤミ通貨」といった趣だが、二人の全裸芸人の関係性を良く表した言葉である。

アキラが最初に頭角を現したのは、「ガキ使」の名物企画、「山-1グランプリ」。そこで披露した、〝丸腰刑事〟を初めとする「お盆芸」で、徐々に注目度は増していたが、不運な事に、その年は、丁度安村の当たり年。

「事務所の先輩からも、『何で同じ時期なんだろうなー』とよく言われました……」

と溜息交じりで振り返る。

アキラのテレビ露出、その初期は安村との共演が多かった。しかも、〝安村と同じ裸芸人〟、謂わば、類似タレント的な括りが殆ど。大抵のオファーが、安村ありきだったのである。

「アキラは安村のパクリだ！」

そんな口さがない揶揄の声も耳にした。

確かに同じ全裸芸人ということで、同一視されがちな二人だが、それは全くの見当違い。二人の全裸に対するアプローチは真逆である。

まず、アキラは安村より〝一枚〟上手、もとい、一枚少ない。要は、海パン一枚纏わぬ全裸である。

「全裸に見える」ではなく、真実スッポンポンの裸で舞台に上がり、お盆で股間を隠し、「見せない」パフォーマンスを繰り広げる。「安心して下さい、穿いてますよ！」が、テレビのタブーをせせら笑うアウトボクサー的手法なら、対するアキラは、お盆の〝ピーカブー〟で客の視線のパンチを掻い潜る、インファイター。放送コードに真正面から挑む求道者的試みであり、テレビ的には最も〝安心〟と縁遠い芸人。保険未加入で車を運転するのと同じである。〝事故〟を起こせば即終了……一巻の終わりのスタントの如き芸なのだ。

さらに、アキラは安村より「一枚分」、重い十字架を背負っている。

「ショッピングモールの営業に呼ばれないんです……」

活動の場が著しく制限されるというのが、目下の彼の悩み。

理由は簡単。正面以外からの視線に対する防御力の無さである。

イオン等、商業施設でのイベントでは、客席は、舞台を取り囲むように設けられている。当然、横、後ろ、場合によっては、吹き抜けの二階、三階といった上からも……あらゆる角度から客の視線を浴びる事になるのだ。

いや、安村とて同じなのだが、彼の場合は、

「見えちゃってるよー！」

と野次られたところで、それは海パン。別に、見えても構わない。むしろドリフにおける、

「志村、うしろー!」的ノリが発生し、大いに盛り上る。あくまで〝安心〟……保険付きなのだ。

一方、アキラの場合、見えるのは……である。結果、

「クローズドの企業パーティや、客席が正面だけの劇場にしか呼ばれない」

全く不自由な芸だが、彼はむしろ、誇りを持って極めようとしている。

元来、伝統的な股間を隠す〝ノリ〟は、最終的に桶等のガードが疎かになり、

「見えてる見えてるー!」

となるのが、定番の落とし所。実際、これが一番ウケるのだが、

「失敗して、『見えてしまった! あちゃー』……やるのは簡単ですけど、それをやると僕の場合、先がない気がする。どれだけ見せずに色々遊べるか……そこを突き詰めたい」

頑固な職人、あるいはアスリートと話している様な錯覚を覚え、無意識に背筋が伸びる。

賛否両論のアキラの裸芸だが、お盆一枚で客の〝視線の弾丸〟を跳ね返し、放送コードやBPOと闘う姿は、筆者の目にはストイックで格好良く映る。彼が股間をカバーするお盆を左右の手で素早く持ちかえる動作は、あん馬の上で躍動する体操選手を思わせるし、一瞬の間を溜めた後、お盆をクルッと回転させる一連の動きは、床や、つり輪のフィニッシュ時《じ》顔負けの緊張感が漂う。「シライ」ならぬ「アキラ」とでも名付け、後世に伝えたい程の〝技感〟があるのだ。

「〝服を着ているか否か〟という見方をするならば、安村さんは海パンを穿いてる分、僕の方

がより裸に近い」

再びハンサム口調になるアキラ。「裸に近い」と言うか裸なのだが、彼の〝流派〟ならではのプライドをチラリと垣間見せる。あるいは、彼にとってお盆はもはや衣類という認識なのかもしれぬが。

〝安心感〟の安村と、〝緊張感〟のアキラ……全裸界の門を守る、阿形像と吽形像。

裸芸という、ともすれば、アングラな匂いを放ちがちなパフォーマンスを、安村はアイデアでポップに、アキラはその卓越した技術でアートの域にまで高めた。

ベクトルは異なるものの、「局部の露出は御法度」というテレビ、いや社会のタブーに挑戦し、それを逆手に取った芸という点で二人は同志でもある。

「安村さんがいなければ、僕が世に出ることはなかったかもしれない」

と感謝の念すら述べるアキラ。曰く、先行して売れた安村が、世間の裸に対する耐性を高め、裸に寛容な環境を整えてくれたということらしい。全裸界の義理人情、その機微は筆者には分からぬが。

最後に、今やコインの表たるアキラに、裏、もとい安村の今後を尋ねると、

「でも、あの報道以降、安村さんの裸には、〝生々しさ〟が滲み出てしまったかもしれませんね……」

と急に真顔で冷静な分析を披露する。少々怖い。まるで「覆水〝盆〟に返らず」とでも言い

たげな口振り。彼が、文春のお世話になることは100%ないだろう。

とにかく明るい妻

今やアキラの後塵を拝している安村。

現在、彼は自ら主催するライブで新作を試す日々を送っている。

「ひと笑いも無く、スベッて終わる時もある。だけど、コンビ時代も、解散してピンになった時も、常にネタを考え続ける中で何かが生まれたから……」

コントでも漫才でも、言うまでも無くピン芸でも結果を出してきた人間。正直なところ、只その場の笑いを取るだけなら造作も無いことだろう。「高校野球ネタ」、「相撲の行司ネタ」……〝全裸ポーズ〟以外の安村のネタを何度かテレビで拝見したが、実際皆《みな》面白く、ウケていた。

しかし、一世を風靡した〝全裸に見えるポーズ〟を超えるものとなると、話は別。全ての一発屋が直面する課題……自分の持つ世界記録を自分で更新するようなもの。難易度は高い。

そんな産みの苦しみに再び直面する彼を、支え続ける存在がいる。

他ならぬ妻である。

醜聞の後も、彼女は夫を見捨てなかった。

10年の交際の後、２０１２年に結婚。夫婦の間には幼稚園に通う4歳の娘がいる。

「僕がテレビに出てると、『あっ！　父ちゃん、父ちゃん！』って……」

綻ばせた表情に、文春砲で消し飛んだ、かつての子煩悩なイクメンキャラ、その残像が一瞬だけ蘇る。他人事ながら、不倫報道の後、幼稚園などでの安村夫人の肩身は狭かろうと心配すると、

「いや……めっちゃ笑いにしてます」

と意外な答えが。妻はママ友達の間に漂う微妙な空気を察すると、

「ウチの旦那、浮気したからね！」

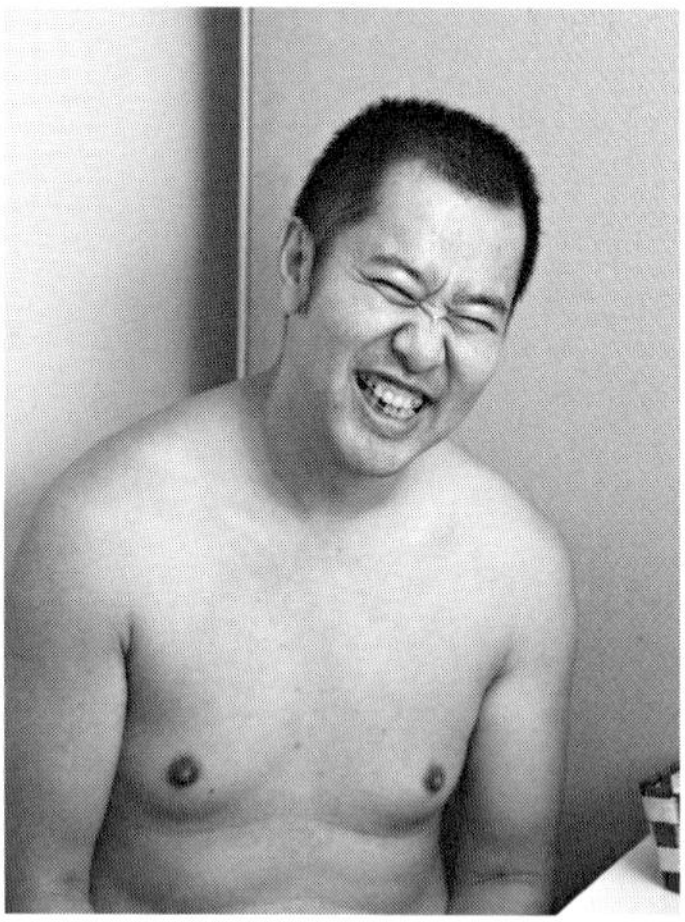

と自虐トークを始めるらしい。それがまた大層ウケるそうな。芸人顔負けの嫁……〝腕〟があるのは勿論、肝が据わっている。

「この間も、ある番組に出た時、『(浮気相手との関係が)二回あった』と言ってしまって。それまではあくまで『してない』で通してたのに……」

もはや、不貞ネタを引っ張りたいのかと勘繰ってしまう程の小出しぶり。収録後、流石に妻には放送前に自分の口から言わねばと洗い浚《ざら》い説明す

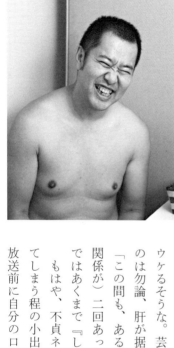

ると、

「ちっ……（ママ友に説明するの）面倒くせーな！」

彼女の男前な一言に、安村は救われた。

妻が夫を救ったのは今回が初めてではない。コンビを解散した彼が、芸人を廃業して地元の北海道で就職しようかと思い悩んでいた時、

「ピンでやりなよ！」

と背中を押し、現役続行を促したのも彼女である。その一言がなければ、後の安村の〝一発〟は無かった。しかし、そうなると彼は不貞を働くことも無く……いや、時間のパラドックスに頭を悩ましている場合ではない。

「仕事が減っても、『いや大丈夫っしょ、行ける行ける！』。ネタ作りに煮詰まると、『めちゃくちゃ面白いの思い浮かぶよ！　大丈夫！』……妻はいつも楽天家です」

〝とにかく明るい〟の屋号は、彼女にこそ相応しい。

妻に叱咤激励されながら、安村は今日も新ネタを創る。

「新しいことを考え続けないと、脳味噌が溶けてしまいそうで怖い」

と話す彼の言葉からは、自らを戒める守りの姿勢というより、

「俺はまだまだやれる！」

一発屋1年生らしい、滾《たぎ》りが感じられ、此方も思わず武者震いする。今スベっている分を取

り返す程の面白ネタが誕生する日も近いだろう。

自業自得の醜聞で躓き、一発屋となった男、とにかく明るい安村。

しかし、浮気心と、仕事に対するストイックさ、家族への愛……それら全てが一人の人間の中に同居し得るのもまた事実である。

ピン芸人としてのタイトル再挑戦、再ブレイクを期す安村を、筆者は特に心配していない。心配する義理もない。

彼の未来はおそらく、いや、とにかく明るいだろう。

安村一人なら道は険しいかもしれぬ。

しかし、彼の傍には、妻と娘……〝とにかく楽天家の安村〟と、〝とにかくかわいい安村〟、二人の安村が付いているのだから。

キンタロー。

女一発屋

一人の男が、食い入るようにテレビを見つめている。

場所は彼の自宅。画面に映し出されているのは、〝ブルゾンちえみ〟である。御存じ、2017年の「24時間テレビ」（日本テレビ）においてチャリティーマラソンのランナーに大抜擢された女芸人。番組史上歴代二位タイの高視聴率を叩き出した立役者である。100㎞近い距離を完走した彼女の奮闘ぶりは、流石に「35億」とまでは行かぬが、多くの視聴者の感動を呼んだ。男も御多分に洩れず、ブルゾンに釘付け。

しかし、その彼もまた、一人の女の視線を釘付けにしていた……男の妻である。

部屋の一画に据えられた〝ペットカメラ〟からスマホに刻々と届けられる夫の姿態を外出先で凝視する妻。

何かの事件の予兆、サスペンスドラマ顔負けの構図に鳥肌が立つ。

当時の心境を彼女は、

「家で何してるのかなーとペットカメラを覗いたら、そこにはブルゾンさんの栄光の瞬間に目を奪われた旦那の姿が。『私って何なんだろう……』とすごく惨めな気分になりました」

と未亡人のような悲しげな面持ちで振り返るが、冷静に考えれば、夫が夢中でテレビを見ている、ただそれだけの光景。些か、嫉妬が過ぎる気もする。

「女優やアイドルならまだしも、芸人だよ?」「今一番の売れっ子だし、テレビに出てたら一応見るでしょ?」

眉を顰《ひそ》めた読者の心の声が漏れ聴こえてくるようだ。しかし皮肉にも、これら全てが男の妻の過剰反応、その理由足り得た。

彼女の名は、キンタロー。(以下「。」は略)。元AKB48・前田敦子のモノマネで一世を風靡した、あの女芸人である。

自分の夫が、自分と同じ女芸人にお熱を上げているという、只でさえ屈辱的な状況に加え、2015年に入籍したその夫の職業がテレビ制作に関わる現役のディレクターだという事実も、キンタローの嫉妬の炎に更なる薪をくべた。

舞台上で見せる子供のようなあどけない笑顔や、彼女のキャッチコピー「良い子 強い子 面白い子」からはかけ離れた闇の姿。まるで『ジキルとハイド』、あるいは『ヤヌスの鏡』……これ程の二面性を併せ持つ芸人を、筆者は他に知らない。

彼女がブレイクしたのは、2012年末である。12月26日の「有吉反省会」(日本テレビ)、翌27日の「とんねるずのみなさんのおかげでした」(フジテレビ)の「博士と助手 細かすぎて伝わらないモノマネ選手権」と、人気番組へ立て続けに出演。特に、「細かすぎて」に関しては、初出場初優勝という大きな爪跡を残した。その反響は凄まじく、当時100程度しかなかった彼女のブログのアクセス数は、一夜にして50万に激増。当然、業界での注目度も鰻登りとなり、事務所の電話が仕事の依頼で鳴り止まない……一発屋なら誰しも経験する〝スイッチが入った〟状態に突入する。キンタローは、実質、この2日間でスターになったと言っても過言ではない。

「前田敦子ちゃんのモノマネをしたら、皆が凄く喜んでくれて！」

と渋谷の貸会議室で当時を振り返るキンタロー。「喜んでくれて」とは、如何にも彼女らしい。

デビュー以降、オアシズ・光浦靖子やデヴィ夫人、芹那など豊富なモノマネレパートリーで露出を増やしてはいたが、

「いくつか番組には出たけど、ドカンというのはなかった……」

そんな状況を打破したのが、〝あっちゃん〟のモノマネだったのである。

しかも、特筆すべきは、デビューこそ30歳と遅かったが、彼女がブレイクしたのは芸歴1年目だったということ。正にシンデレラストーリーである。ただ、厄介な事にこのシンデレラ、ガラス製なのは靴ではなくハート。この場合、ガラスが意味するのは、脆さではなく、〝曇り易さ〟の方である。

あだ名は〝じょくぱんまん〟

デビューの遅さに比して、お笑いに対する目覚めは早かったキンタロー。志村けんやコロッケがお気に入りだったそうで、

「結構ひょうきんな子供で、家族……特に母をよく笑わせてました」

そのお茶目ぶりは身内だけに止まらず、両親が営むビジネス旅館の宿泊客に対しても発揮され、マスコット的存在となる。彼らの宴会を盛り上げ、玩具を買って貰ったり、大いに可愛がられた。

しかし、そんな生来の明るい性格も、学校へ行くと途端に鳴りを潜めた。

「クラスでは何故かツンと澄ましたキャラクターで、『志保ちゃん（本名）怖い』と言われてた。すごく良く言えば、〝ぱるる〟（元AKB48・島崎遥香）みたいな」

確かに、すごく良く言った。これには筆者も塩対応。スルーで応じるしかない。

「『どうして私は周りに溶け込めないのか』『何故、腫れ物扱いされるのだろう』と悩んでた。本心では、皆と仲良くなりたかったのに……」

本当の自分、素の自分を曝け出すことなく、人の輪に入れぬまま時は過ぎ、迎えた小学校3年生のある日。1年生の時から徐々に肥大化し始めた顔を、クラスメイトに「しょくぱんま

ん」と命名された時期でもある。

皆の前で素の自分を出せたのは、ひょんなキッカケだった。「『五匹の子豚とチャールストン』という曲で好きに踊るという時間があって。無我夢中でワーッと踊ってたら皆が笑ってくれた。その時、周囲との壁が一気に無くなる感覚があって、皆と仲良くなるツールはお笑いだ！　と電撃が走った」

この出来事以降、「周りを笑わせる」というのが、彼女の人生の命題となる。お笑い芸人キンタローの原点。その開眼のキッカケが奇しくもダンスだったことに、何か運命を感じずにはいられない。

かくして、一躍クラスの人気者となった彼女だが、中学では再び人の輪の外へ。というのも、笑いに奔《はし》る余り、嫌がる同級生に自作の「チ◯コの歌」を執拗に聞かせた結果、仲間外れの憂き目に遭ったのだ。筆者が一節リクエストすると、

「ぴらぴぽんぽんチ◯ぽぽんぽぽんぽん　えらいおもろいチ◯ポーコ」

「狼少年ケン」のオープニング曲を思わせるメロディーに乗せ、歌い上げてくれた。なるほどこれは、嫌われる。

いじめの対象となり、学校も休みがちに……暗黒時代の到来である。そんな自分を変えようと、高1の夏休みに、カナダへと旅立つ。3週間限定のホームステイだったが、ホストファミリーの前で踊ったリッキー・マーティンが存外にウケ、帰国した時には、中学以前の自分を取

り戻していた。またしても、ダンスに救われた格好である。

「お笑い隊員」キンタロー。

お笑いに対する憧れは燻っていたが、高卒で芸人になる勇気はなく、「とりあえず笑いの聖地・大阪へ」と関西外国語大学短大へ進学。すると、余程、縁があるのだろう……競技ダンスに一目惚れし、早速ダンス部の門を叩いた。

「ダンス部は綺麗な人ばっかりで、最初は躊躇しました」

しかし、ここでも彼女は笑いを武器に、果敢に〝人の輪〟に入って行く。

「『顔めっちゃでかいな！』と引かれるのは分かってた。だからむしろ言って下さいと。お笑い〝隊員〟に徹しました」

惜しい。〝要員〟と言いたかったのだろう。キンタローは時々、阿呆である。

いずれにせよ、自ら「コイツはイジっていいヤツ」だと周りに摩り込み、ムードメーカーのポジションを確保した。

しかし、世の中分からない。一介の〝お笑い隊員〟だった彼女が、在学中に、全国大会サンバの部で四位入賞という実績を残すことになるのだから。

数年に亘る、ダンス漬けの日々。

一方、お笑いへの情熱も消えてはいない。短大卒業の際には、吉本新喜劇の「金の卵」オーディションを受け、見事合格している。しかし、当時、好意を寄せていたダンス部の先輩に、

「お笑いやるなら、ダンスはやめろ！」

と二択を迫られ断念。この時、新喜劇の道に進んでいれば〝乳首ドリル〟をされるキンタローを見られたかもしれぬ。いや、別に見たくはないが。

結局、大学を卒業すると、社交ダンスの講師の職に就いた。競技も続け、家庭の事情で辞退したものの、ロンドン開催の世界大会の日本代表にも選ばれた。

しかし、嘘か真か、大きな顔のせいで首のヘルニアを患い、選手の道を断念。不動産会社の事務職なども経験するが、

「全然、使いものにならなかった。役に立てないのが申し訳なくて……」

と悶々とする日々。丁度その頃。彼女の周囲の人間が次々と結婚する。気が付けば、それに乗じて、毎週のように余興を披露するのが数少ない楽しみの一つとなっていた。そうする内、ウケる喜びを思い出したキンタロー。駄目押しは、街で偶然出くわした先述の〝二択先輩〟の、

「まだ芸能界入ってなかったの？　とっくに芸人になってるかと思ってた！」

この一言に〝踊らされ〟、一念発起。２０１１年4月、松竹芸能のタレントスクールに入学する。

漸く芸人としての第一歩を踏み出したわけだが、彼女は焦っていた。

無理もない。その時既に29歳。

「もう年が年だし。他の人と同じ速度でやっていては間に合わない」

そんな気持ちは、スクール入学当時の彼女のブログにも垣間見える。

「松竹スクールに入学してから9月で半年経ってしまう。なのにまだ、面白くなれてない。頑張らなきゃ」（2011年8月のブログより一部改変）

焦燥感と、ダンス時代に培われたストイックな姿勢。この二つが芸歴1年でのブレイクの原動力になったのは間違いない。

キンタローの芸、その面白さを構成する要素は大きく分けて三つある。

一つは、彼女のチャームポイントでもある、顔の大きさ。

「初めて私の顔を見た人は、結構ビビりますね……」

サラリと自虐ネタを披露するが、初対面ではない筆者も毎回結構ビビる。遠近感が狂わされるのだ。やや幅広のテーブルを挟んで向き合った筈が、眼前に迫るキンタロー。差し詰め、ドラマ「101回目のプロポーズ」（フジテレビ）の劇中、ダンプカーの前に飛び出し、

「僕は死にましぇーーん！」

と叫んだ武田鉄矢の心境である。

顔のデカさは長年彼女のコンプレックスだったが、お笑いの世界では強力な武器。とんねるず・石橋貴明にも、

「君のその体型は宝だ！」

と太鼓判を押された。目測四頭身のアンバランスな体型が醸し出すマスコット感、ギャグ漫画感は唯一無二。そこに佇むだけで既に面白く、笑いを誘う。

もう一つは、過剰にキレのある動き。日本トップレベルの社交ダンスの実力に裏打ちされた彼女の動きは、男性芸人の〝ギャガー〟に匹敵すると言っていい。

最後に、忘れてはならないのが、モノマネ芸、それ自体の精度の高さ。ブレイク前、徐々に披露していた光浦靖子のモノマネなどは、「滅茶苦茶似てる。凄い子が出てきた！」との称賛の声が、筆者の周りでも多数聞かれた。

面白体型の人間が、キレのある動きで、そっくりのモノマネをする……出世作、「元AKB48・前田敦子のモノマネ」はキンタローの〝強み〟が全て詰まった真骨頂。売れないわけがない。

唯一の〝女〟一発屋

と、ここまで筆を進めておいて突然の卓袱台返しは非常に心苦しいが、言わねばなるまい。

実は、キンタローは一発屋ではない。

実際、彼女のことを一発屋芸人と認識している方はそう多くないだろう。

勿論、全盛期に比べれば、仕事の量は減ったが、「中居正広の金曜日のスマイルたちへ」（TBS）の社交ダンス企画やモノマネ特番など、大型露出は定期的にある。モノマネ芸人は営業にも強く、収入面で逼迫している様子は微塵もないし、結婚など、話題にも事欠かない。

キンタロー自身は、

「そうですかね……（一発屋だと）思われてますよ……」

と謙遜するが、あまり強く否定しないところを見ると、彼女にも多少自負はあるのだろう。とにかく、客観的に見て一発屋と一口に断じるのは気が引ける。

「じゃあ、何故、キンタローなんだ！」

本書は『一発屋芸人列伝』。お叱りは御尤もだが、今回、彼女に登場してもらった理由は明確である。

昨今の〝一発屋〟の定義は、かつてのように「あの人は今」といったニュアンスではなく、〝一発屋という肩書〟で仕事をする人間を指す。要するに、より狭義の意味に変じており、自ら一発屋と呼ばれることを許容した人間しか一発屋を名乗らないし、周囲も一発屋としてイジらない。その点、キンタローは、一発屋芸人の集いである「一発会」に自ら参加しており、心置きなく一発屋〝扱い〟して差し支えない。

そして何より、これが最大の理由なのだが、彼女以外に〝女芸人の一発屋〟が見当たらなかったのである。

いや、単純に「何年か前に大ブレイクしたけど、今はさっぱり」という定義でいけば、失礼ながら何人か該当者の顔が頭に浮かぶ。しかし、皆一発屋としての仕事はしていない。有り体に言えば、打診はしたが、全員に断られたのである。

一発屋と言えば男ばかりで、女芸人には存在しない。

男と女……これはもはや〝ジェンダー〟の領域。素人が扱うにはデリケートな問題である。

そこで、ジェンダーの問題に詳しい、大正大学准教授、社会学者の田中俊之先生にお話を伺った。彼の専門は、男性学である。

「あくまで、全般的な傾向の話ですが」

と前置きしつつ、

「男は〝競争〟、対して女は〝協調〟……つまり『皆と仲良くしましょうね』という意識のもとで育てられます。男女のこの縛りは未だに強いんです」

と舌も滑らかに語り出す田中先生。

「男性が競争に晒される中で、男らしさを証明する方法は二つあります。一つは『達成』。スポーツ選手や医師など、社会的地位が高いとされる職業を目指すのは典型的です。もう一つは『逸脱』。競争に勝てない場合、社会的なルールから故意にはみ出すことで、男らしさの証明とする。若い人ならヤンキーになるとか」

つまり、〝盗んだバイクで走り出〟した曲を大ヒットさせれば「逸脱」&「達成」……そのアーティストがカリスマと呼ばれるのは当然の帰結なのだ。

「大人の男性の場合、〝芸人になる〟ことは一種の逸脱とも言えます。既存の枠組みには収まらないけど、自分は何がしかの者なのだ、と」

若干、嫌な言い回しなのはさて置き、

「中でも〝一発屋芸人〟は、芸人を選んだ時点で既に一度ルートを外れているのに、さらに一発屋……逸脱に逸脱を重ねているわけです」

〝借金に借金を重ねる〟のような物言い。しかも、正確には逸脱→達成→逸脱である。肝心の〝一発〟の部分を端折られては堪らないが、とにかく、一発屋が男の土俵だというのはよく分かった。

「一方、『皆と仲良く』という協調の空気の中で育てられる女性の場合、そもそも芸人になるという『逸脱』行為自体がかなりの勝負。〝女らしさ〟の証明とはならない上、更に『一発屋』のレッテルを貼られるのは、〝恥の上塗り〟みたいなものです」

恥……複雑な心境だが、なるほど。女性芸人が一発屋を名乗り難いのは、個人の問題ではなく、男女の〝らしさ〟を作り出している社会構造、空気感に要因があるのかもしれない。田中先生はこう結んだ。

「芸人もやりつつ、例えば企業のマナー講師など、全く異なる方向の仕事に活路を見出す方が『そんな特技があるんですね！』などと（女性としての）体面が保てるのだと思います」

〝料理本を出版〟、〝舞台女優に転身〟……男の芸人にも散見される視点ズラシだが、一発屋という選択肢がない分、〝女芸人〟という双六の方が、より茨の道なのかもしれぬ。

結婚一つとってもそう。

「幸せなイメージが付くので、『ブーブー言う枠』に呼ばれなくなる」

と溜息を吐くのは再びキンタローである。彼女が言うには、既婚者は、「結婚出来ない」「モテない！」と嘆く、女芸人定番のノリが出来ないため、若干仕事が減るらしい。

「芸人としては負け組です……」

楽しい結婚生活の話でも、と水を向けただけなのに、何故か暗く沈んだ空気に。勿論、最近は、結婚してもバラエティーの一線で活躍する女性芸人も多く、単純に〝ブーブー枠〟の問題だけではなかろうが、いずれにせよ、女芸人とはつくづく因果な商売である。

男女分け隔てなく誰もが一発屋を名乗れる時代が来た時、本当の意味での平等な社会が実現するのかもしれない。

このようにジェンダーの観点からすると、〝女らしさ〟とは程遠い一発屋という立ち位置。

一体何故、女芸人キンタローは、自ら一発会に身を寄せたのか。

彼女が初めて参加したのは、２０１６年の冒頭に催された新年会の席である。

「憧れの芸人になれた今、芸人の輪に入りたい。でも、気が付くと芸人仲間が少なくて寂しかった。そんな時スギちゃんが一発会の話をしてるのを盗み聞きして、『私も入れてください！』

とお願いした」

と参加のなりゆきを語るキンタロー。

紅一点だったせいか、彼女は妙にチヤホヤされていた。ダンディ坂野、小島よしお、レイザーラモンHG、レギュラーといった中年男達を手玉に取り、「俺達の妹」「お姫様」的扱いを享受する姿は、『黒革の手帖』顔負け。〝一発〟という玉手箱を開け、時代に取り残された浦島太郎達を相手に、乙姫の如く振る舞う女、キンタロー……ややこしいことこの上ないが、筆者の目には、彼女がこの日の集まりを満喫しているように映った。しかし、本人曰く、

「やっぱり、まだ気を遣われてるなーって。グループに入れたはいいけど、こいつ微妙だなと思われてるんじゃないかと。皆の輪に上手く入れなくて、『ああ、私、本当に駄目だなぁ……』と落ち込みました」

もうお気付きだろうが、真面目すぎる性格が仇となり、キンタローは時折、ちと面倒臭い。極めつきは、

「女芸人の集まりに呼ばれない……」

と目下の悩みを吐露した一言。おかげで、筆者の疑問が氷解して行く。

何故彼女が、ジェンダーの垣根を越え、一発会を訪れたのか。それは、本命の女芸人の集いに参加出来ないから……と意地悪く勘繰る気は毛頭ないが、当たらずとも遠からずといったところだろう。

思えば、キンタローの半生は〝人の輪に入る〟ための挑戦、その連続であった。〝女芸人会〟という頂に辿り着くまで、山肌の窪地、一発会で吹雪を凌ごう……だとしても、大歓迎である。

「もっと明るくなりたい」

疑問は去ったが、心配が残る。

果たしてこの先彼女は、女芸人の輪に入って行けるのだろうか。

大体が、彼女の芸風自体、今の女芸人の本流から外れていると言えなくもない。

昨今の女芸人達は、同じ女性の共感を得るネタ……「嫌な女」、「ウザい女」を題材にしたモノマネを武器とするものが多い。〝あるある〟ならぬ〝いるいる〟。これなら、女性の支持は勿論、男性も単純に面白く見られる。

一方、キンタローの主力武器は、可愛い女性芸能人のモノマネ。しかも、心の師・コロッケ同様、毒を含むネタである。畢竟《ひっきょう》、対象タレントのファンから叩かれ炎上するリスクは避けられない。前田敦子然り、Ａｍｉ（元Ｅ‐ｇｉｒｌｓ）のモノマネ然り。その着火力は、ＢＢＱに携帯して行きたいほど。勿論、面白いのだが、彼女のネタは総じて男性ウケを狙ったものが多く、パフォーマンスの空気感、瞬発力は、男芸人のそれに近い。いや芸風云々以前に、

「そういうの目指してるんですよ！　〝女感〟が出るの嫌なんです！」

と熱弁する彼女の言葉に、

（……そういうところじゃない？）

との思いは禁じえない。女芸人と仲良くしたい人間が、「女感が嫌」発言は如何にも拙い。

何より、危惧するのはお馴染み、キンタローの面倒臭さである。インタビュー中も、

「前向きな言葉を求めてニーチェとか読んじゃうんです。でも『ニーチェの名言集』を読んだらめっちゃ暗くて、すぐ閉じました」

（なんじゃそれ！）

「最近、ダライ・ラマにもハマってて……」

（いや、啓発好きやな！）

……逐一、面倒臭い。

「今の唯一の居場所はブログです……」

１００から50万……一番最初に自分のブレイクを実感できた場所。思い入れが強いのは結構だが、

「1年前位まで、女芸人カテゴリーで私がずっと一位だった。『ブログで一位だから大丈夫だ！』と自尊心が満たされていたのに、それを〝嗅ぎつけた〟やしろ優ちゃんが真似して、今、彼女が一位なんです……」

突如、心が闇に飲み込まれたのか、身も蓋もない物言い。先輩として流石に苦言を呈すると、

「親からも『妬みの子』と言われてました。母が妹にぬいぐるみを買い与えると、『ああ……私には買ってくれなかったのに』とすぐに嫉妬してしまう」

と即座に反省する……のもまた面倒臭い。

勿論、礼儀正しく、真面目で、明るい一面もある。しかしそれ故に、

「この子は〝何か思ってる〟なー……」

という面倒臭さ、いや「しんどさ」が常に付き纏うのである。

「もっと明るくなりたい……」

と暗い口調で語るキンタロー。いつしか筆者の口をついて出る台詞は、「そんな事無いよ！」「大丈夫だと思うよ？」ばかりとなった。もはや、只のカウンセリングである。

しかし、彼女に思い悩んでいる暇はない。

企画で始まった挑戦で結果を出し、２０１７年10月の社交ダンス世界大会の出場権を見事勝ち取ったのである。かつて二択を迫られた〝お笑い〟と〝ダンス〟……結局二つとも手に入れた。

更に現在、キンタローは演劇界からも熱い視線を注がれている。２０１６年６月つかこうへい作『リング・リング・リング２０１６』の主役に抜擢、同年12月には、ミュージカル『プリシラ』にも出演した。後者はブロードウェイでも大ヒットした作品。日本版の演出は宮本亜門である。彼女をよく知るマネージャー氏は言う。

「モノマネでブレイクして、社交ダンスで世界大会に選ばれるなんて普通は出来ない。モノマ

ネだけであれば一発屋で終わったかもしれません。でも彼女には演技もダンスもある。〝そういう星〟の下に生まれたのだと思います」

現在、芸歴6年目。しかし、「周囲を笑わせる！」と決意したあの幼き日からの下積みを思えば、実は彼女は大ベテラン。その全てが今実を結びつつある。

女芸人でありながら、今の女芸人の本流から「逸脱」してしまったキンタロー。そもそも芸名の「キンタロー。」からして、女性らしさの欠片もない。

愚痴も多いし、面倒臭い。

世間が思い描く、明るく楽しいイメージとは程遠い実像。

しかし、〝人の輪〟に入るためもがき続けたその半生は、〝協調〟の権化、女子そのものとも言える。

彼女も一人の人間。

色々な面を持つのは当然のこと。

何処を切っても、同じ顔……キンタロー飴の様には行かないのだ。

いずれは、同じ女芸人の〝人の輪〟に囲まれる日が彼女にも来るだろう。

だが、それまでは一発会で我慢して欲しいのだ。何故なら彼女は世界で只一人、女芸人の一発屋なのだから。

髭男爵

落ちこぼれのルネッサンス

2004年某月。

演劇の街として名高い、東京・下北沢。

駅から徒歩1分程の小劇場、「しもきた空間リバティ」では、とある事務所の自社ライブの真最中である。所属芸人達が入れ替わり立ち替わり芸を披露し会場を盛り上げているが、今は二人の若者が、センターマイク、通称〝38〟を挟んで舞台上に。女性に人気があるのか、黄色味がかった笑い声を一身に浴びている。

彼らこそ、今回の主人公……ではない。

明るく照らし出されたステージ上から視線を横にズラすと、そこは舞台袖の暗がり。目を凝らせば、闇の中にぼんやりと二つのシルエットが浮かび上がる。一つはシルクハットを頭にのせ、もう一つは外向きにカールした奇妙な髪型の持ち主。共にワイングラスを手にしているが、ほろ酔いとは程遠い、緊張の面持ちである。舞台上には目もくれず、何やらブツブツとネタの最終確認に余念がない……と言うより、余裕がない。

この二人こそ、本連載の最後を飾る異端の貴族漫才師〝髭男爵〟……つまり僕達である。

余裕がないのも無理はない。暗闇の中、出番直前まで稽古しているのは何を隠そう、後に僕達を一発に導く、出来たてほやほやの〝乾杯ネタ〟。客前で披露するのはこの時が初めてである。「ウケるかウケないか」の実戦データは全く無かった。

「最初に山田に提案された時は、『こんなネタ、怒られるだろ！』と大反対した。だってツッコミが〝ワイングラスで乾杯〟ですよ？　ふざけ過ぎでしょ！」

所属するサンミュージックの一室で編集氏相手に当時を振り返る相方、樋口。

発案者たる山田こと僕にも、若干の背徳感、罪悪感はあった。そもそもこのネタ、普通の漫才を貴族がやったら……というパロディのニュアンスが色濃く、正統派の漫才を皮肉る側面を持つからだ。しかし、「誰もやったことが無いネタをやる！」というある種の選民意識には抗い難く、敢行するに至ったのである。

再び、冒頭の場面。出番が訪れた僕達は、ステージに飛び出した。

繰り返すが、データはない。

何の保証もない……が行くしかない。僕は、車が激しく行き交う幹線道路に目を瞑ったまま一歩踏み出すような心境で、

「いや、お前が転校生やったんかーい!!」

ツッコむと同時に、相方とワイングラスを合わせた。

（チーーーン……）

会場に心地よい音色が鳴り響く。

（やっぱり駄目か？）

肝を冷やした次の瞬間。

……ドカーン!!

そう形容する他ない、大爆笑が湧き起こった。それは、僕達、髭男爵が今まで浴びたことが無かった巨大な笑いのシャワー。只の爆笑ではない。脳味噌で理屈を解して起きる笑いではなく、純然たる肉体の反応。堪え切れず思わず噴き出した……もはや、〝反射〟に近い笑い声だった。僕はその時、芸人人生で初めて、人間の心を直接手で擽《くすぐ》ることが出来たような感覚を味わう。と同時に、その日に至るまでに僕達が受けてきた〝屈辱〟の全てが綺麗に洗い流されていく気がした。

髭男爵……その一発の幕開けである。

〝普通〟の男、ひぐち君

山田ルイ53世、本名山田順三……つまり僕と、ひぐち君こと樋口真一郎。樋口は僕より2学年上である。

福岡県のごく普通の家庭に生を享けた樋口。彼の人間性や人生を一言で評するなら、〝普通〟という言葉以外にない。初めて芸人を意識したというエピソードも、

「小学校の学芸会で女装したらウケた」

という病人食の如き薄味。幼少時代は「ひょうきん族」「ドリフ」に始まり、とんねるず、ダウンタウン、ウッチャンナンチャンで育った……と誇らしげに語るが、それを〝お笑い血統書〟と言い得るのなら、今や全国民が芸人である。

高校は、福岡の名門、修猷館高校に入学。後にクイズ番組などで大活躍するのであればこの〝名門〟の伏線も回収できるが、そんな未来は来ない。「その年は募集人数が多くて、たまたま入れたんです」との謙遜も、「そーでしょーねー」と僕には額面通りに思える。

その証拠に、高1で早速留年。別にそこには、「不良にカツアゲされた級友を救う為、正義の鉄拳を振るい停学」といった武勇伝は一切存在しない。単純に、学力不足である。

更に、一浪して入った関西学院大学でもその普通っぷりは留まるところを知らない。「モテそう」との動機でダンスサークルに入ってドレッドヘアーにしたり、友達の影響でバックパッカーとなり旅行三昧と、〝普通〟にキャンパスライフを満喫する。

「友達とインドに行ったんですが、屋台でラッシーを飲もうと鍋を覗くと、中が真っ黒。本場のラッシーはこうなのかと思ったら、店主がオタマを鍋に入れた途端、黒が全て飛んで行った。何と……蝿だったんです！　一発で腹壊しました！」

日本で数百万人が披露出来そうな〝普通のエピソードトーク〟を大冒険のように語る。聞いてる此方が恥ずかしい。

到底、芸人の道を歩み出す気配は見当たらないが、転機は唐突に訪れる。

「3回生の頃、一緒に旅行してた仲間内で、お笑いをやろうと盛り上ったんです」

弱い、温い、甘い……つくづく普通である。とにかく、染まり易い男なのだ。

「その時、『コイツもお笑いやりたいって』と友達が連れて来たのが市井です」

この市井なる男……後述するが、ある意味僕達の一発、その鍵を握る男である。

学園祭などの機会を窺って〝お笑いゴッコ〟に興じていたバックパッカー御一同様。それだけでは飽き足らず、休みを利用して深夜バスで小旅行、もとい上京し、お笑い事務所のオーディションに参加する。遠征の結果は芳しくなかったが、余程楽しかったのだろう。就職も決まり自由な時間が増えた4回生時に、再び仲間と上京。この〝卒業旅行〟では、収獲があり、「ブレイクもの」（フジテレビ）なる番組のオーディションに合格。テレビ出演が叶う。

「あれ……お笑い行けるんじゃ？」

と舞い上がる樋口。心に生じた火種を一旦押さえつけ、大学を卒業すると就職先の下着メーカーで研修に励んでいたが、一本の電話が彼を焚き付けた。

「やっぱり、お笑いやらない？」

先述の市井である。実はこの男、4回生を休学して、一足先に吉本の養成所「東京NSC」に入学していた。半年足らずで辞めてしまったが、そのまま東京に残り、樋口らの第二次東京遠征にも合流、共にテレビ出演を果たしていたのである。

この市井の一言で燻っていた火種が炎と化し、スッカリ気持ちが〝寄せて上がった〟樋口は、就職1週間でブラジャー業界に別れを告げ関西から東京へ。本格的に芸人を目指すこととなった。当初は、市井、樋口にツッコミ担当の友人を加えた三人で活動する算段だったが、最後の最後で真っ当な会社員の道を選んだツッコミ担当はここで離脱。

「二人じゃ何も出来ない……」

早々に立ち込めた暗雲に、市井が出した結論は、

「ツッコミが上手い奴を一人知ってる。そいつを誘ってみよう！」

かくして、二人は、携帯も固定電話も持たぬその人物の襤褸《ぼろ》アパートに、アポ無しで押し掛けることとなった。

運命のノック

その日、僕は三畳一間の自宅に居た。

当時の僕はピン芸人……一人で活動しており、その日もネタ見せに向かう為の準備に余念がなかった。そろそろ家を出ようかと思ったその時、

「ゴンゴン！　ゴンゴンゴンゴン！」

築50年近い襤褸アパートの木製の引き戸が、激しく叩かれる。今にもドアが蹴破られ、

ＦＢＩ捜査員が雪崩れ込んで来そうな勢い。堪りかねた僕が、

「開いてるよーーー！」

部屋の外を怒鳴りつけると、

「ゴリ……ゴリゴリゴリ」

〝天の岩戸〟顔負けの摩擦係数が生み出す、仰々しい音と共に二人の男が現れた。

物珍しそうに視線を巡らせている男は知らぬ顔だが、もう一人には見覚えがある……市井だ。

見知らぬ男の方の値踏みするような無礼な態度に苛立っていた僕は、

「何？」

市井とは久し振りの再会にも拘らず、ぶっきら棒に尋ねる。すると、慌てた市井が取り成すように、男は樋口という名であり、市井と彼そして僕の三人でトリオを組んでお笑いをしたいのだと、用向きを話し始めた。

詳しくは、拙著『ヒキコモリ漂流記』に任せるが、兵庫県の田舎、三木市に生まれた僕は、中学受験で名門私立校に合格し神童と謳われた時期もあったが、中２の夏登校中にウンコを粗相したことが引き金となり、６年間に及ぶ引きこもり生活に突入。20歳になる前に、何とか終止符を打つべく大検を取得し、四国の大学に潜り込んだが、そこでも程無く挫折。学校関係者や友人、両親にさえ何も知らせず失踪同然で上京し、東京ＮＳＣに入る。そこで出会ったのが、市井である。

東京NSC3期。同期には、トータルテンボスや永井佑一郎、後のAMEMIYAがメンバーでもあったノンストップバスなどが居る。僕と市井は養成所時代、一度か二度コンビを組んだ仲。

しかし大した結果も出せず、その内、彼は養成所を辞め、姿を見なくなる。僕も市井から遅れること数か月、養成所を去り、フリーのピン芸人として活動していた。と言っても、小さなライブに一度か二度出た程度。正直、お先真っ暗な状況である。月に何度かのネタ見せ以外は、最低限の食を確保するため日雇いの肉体労働に精を出す毎日。感傷的な物言いはお許し頂きたいが、引きこもり生活でそれまでの〝自分〟を全て失い、社会から滑落していた僕は、

「人生が随分と余ってしまった……」

という虚無感に囚われたまま生きていた。自分の経歴では、碌な就職口もない。大袈裟ではなく、芸人を辞めたらもう死ぬくらいしか選択肢がない。そんな考えに苛まれていた時期でもある。

「ホームレスみたいだった……」

と樋口が抱いた、僕の第一印象も当然である。部屋は座敷牢のような三畳一間。テレビはゴミ捨て場で拾ったもの。洋服は愛媛から夜逃げする際に持参した二枚だけ。道行く中高生が楽しげに会話しながらハンバーガーをパクついている姿を見ると、

「俺が食べるから、早く捨てろ！」

と本気で考え出す始末。もはや世捨て人である。

結局、その場で答えは出さなかったが、1か月後、二人の申し出を受けることに。別に、彼らとなら売れる勝算ありと思ったわけではない。今白状するなら、寂しかっただけである。

三人で幾つかの事務所のネタ見せに挑むが、ライブに出演出来たのは一度きり。早くも気持ちが萎え始めた頃、

「やっぱり、芸人辞めるわ……」

と音を上げたのは、まさかの市井であった。トリオ結成から1年も経たぬ内に、あろうことか僕と樋口を引き合わせた張本人が、

「後は若い二人で……」

と仲人さながら、そそくさと退場してしまったのである。

取り残された僕と樋口。

山田22歳、樋口24歳であった。

コンビの結成話の定番、小学校の同級生でも、幼馴染でもない。養成所の同期ですらない。出会ってまだ数か月。共通の知人を介して知り合った男二人。正直、その時の僕の彼に対する認識は〝相方〟でも〝友人〟でもなく、〝知人〟あるいは、〝面識がある人〟といったところ。お互いのこともよく知らない。

数か月間、樋口と活動し唯一分かったことと言えば、「お笑いの才能、知識は素人同然の割

に、自己主張が激しい厄介な年上」……もう最悪である。

「自分は会社を辞めて来た。山田以外、東京に知り合いもいない。山田に捨てられてたらと思うとゾッとします」

樋口は〝背水の陣〟だったと言わんばかりだが、当時の僕からすれば、戯言。彼の後ろに流れる川は、踝を濡らす程度のせせらぎに過ぎない。コイツは大学をちゃんと卒業している。その気になれば就職だって出来る……コンビを組んで2、3年は、「どうせ樋口は〝帰る場所〟がある人間だ」と余り信用もしていなかった。

にも拘らず、彼とコンビを組み続けた理由は只一つ。その時の僕は、養成所時代から何度も相方を替えたものの上手くいかなかった苦い経験から、

「大事なのは才能云々ではなく、続けるかどうか」

平たく言えば、「継続は力なり」……そんな悟りの境地に達していたからである。何とも味気ないコンビ結成秘話だが、とにかく、二人体制の髭男爵が船出する。

〝髭男爵〟誕生

ふつう芸人人生のスタートは、夢や希望に満ち溢れているものだが、僕達の場合、結成の瞬間から既に途方に暮れていた。と言うのも、本来、コンビ芸人がこの世界に飛び込む前に片付

けている様々なこと、確固たる絆、互いの才能に対するリスペクト……人間関係の構築から始めなければならなかったからだ。ある意味、特殊なコンビである。

最初にネタを書いたのは樋口。だが、

「僕のネタはオーディションに全く受からない。3か月くらい経った時、『な？　分かったやろ？』と言われ、山田がネタを書き出すとライブに出れた。そこから、もう俺はダメだ、任せようと」

僕はあらゆる場面で、この手順を踏み、〝コンビ経営〟を進めて行った。相手はよくは知らぬ年長者……何かと気を遣わねばならぬ。最初の数年は、樋口を納得させる作業に全て費やされたと言っても過言ではない。時には、樋口を残して去った市井を、いや神様を恨んだりもした。「残り物には福がある」筈ではなかったのかと。

だが、〝福〟は一つ残っていた。

それは、「髭男爵」というコンビ名。

実はこの名前、僕が参加する遥か前から存在し、樋口らが学園祭で〝お笑いゴッコ〟に興じていた時代から続く言わば〝名跡〟である。名付け親は市井。言うなれば僕は、創業者が去った会社の再建を押し付けられた格好だったわけで、当然、愛着などある筈もなく、二人になった際、コンビ名の変更を提案したが、

「まぁ、字画とか良いらしいから……」

樋口の説得は要領を得ないものだったが、結局そのままに。本音を言えば、喧嘩をするのが面倒だっただけだが、この判断が後に僕達を〝一発〟に誘うのだから、世の中分からない。

辛うじて二人が共有していたものもあった。

危機感である。

「女性人気が出そうな市井が抜け、華のない二人が残った……これはマズイと」

これには、僕も同感であった。

コンビ揃って華がない、つまりキャラが無いというのは難題である。実際、ライブのオーディションに出掛けると、

「キャラが薄いねー……」

と溜息を吐かれることが多かった。

（せめて、見た目だけでも、メリハリを付けないと……）

そんな危機感から、

「お金もないのに、山田に言われて十五㎝の厚底ブーツと真っ赤なパンタロンを買わされた。凸凹感を出すためにと」

樋口は愚痴るが、僕は文字通り〝身を削って〟いた。当時、僕は樋口と同じく小鼻の脇に黒子があったのだが、

「こんな〝黒子被り〟、売れない！」

何故か、それが非常に重要なことだと思い込んだ僕は、極貧にも拘らず、借金してまで整形を敢行、黒子を除去したのである。このヘルタースケルター的思考は戸籍にまで及び、

「今、〝親子漫才〟が居ない！」

と閃いた僕は、真剣に樋口を僕の籍に入れ、養子に出来ぬか検討した。既に人生が破綻したとの思いに囚われていた僕にとって、親に貰った体も戸籍もさほど重要では無かったのである。

渋る相方に、

「何じゃコイツ。真剣味が足らんな！」

と憤慨したものだが、今考えれば、御尤も。誰でも嫌がる。

或る程度色々なライブに出演出来るようになると、現在の所属事務所、サンミュージックのゴングショーに挑戦することに。これは、三回ライブで勝ち抜けば事務所に入る交渉権を獲得出来るというもの。〝入れる〟ではなく交渉権という回りくどい物言いが少々詐欺臭い。しかも何故か僕達だけは、本来三回のところを四回勝ち抜くことを義務付けられ、挙句勝ち抜けば、マネージャー陣が誰も髭男爵を欲しがらず、

「可哀想だから……」

と同情票が一票入り、何とか事務所預かりになったという屈辱の歴史を持つ。大体、我が事務所の芸人は、今も昔も基本的にスカウト。お情けで入所したのは僕達だけである。その後、当時の大人気番組、「電波少年」（日本テレビ）に僕一人出演し、苛酷なロケに1年耐えて帰国

しても鳴かず飛ばず。状況は好転しない。

丁度この頃、コントから漫才に転向すると、思いの外ウケた。特徴の無い普通の漫才だったが、

(方向性は間違っていない。後は、オリジナリティー、キャラだ……)

と自信を深める。

そんな時、転機が訪れた。「笑いの金メダルJr.」(テレビ朝日)という番組に出演した際、MCのくりぃむしちゅー・上田氏に、

「お前ら、髭男爵なのに、〝髭〟でも〝男爵〟でもねーじゃねーか!」

とイジられたのだ。確かにその時の僕達は、髭面でも無ければ、衣装もカジュアルな私服。

「そうか、名前通りにすれば良いのか」

灯台もと暗し。市井の残した唯一の〝福〟、思い入れのないコンビ名が、俄然輝き始めた。

この一言で吹っ切れた僕達は、樋口は普通の格好、僕は髭を生やし黒の礼服姿だが、シルクハットは被らず……から始まり、ジワジワと〝今の姿〟に近付いて行く。

最初、どちらが髭を生やすかで喧嘩になった。

「いや、俺、髭生えないから……」

と樋口がくだらぬ嘘を吐き始めたためである。当時は髭面の若手芸人など御法度だったし、何より、バイト先をクビになりたくなかったらしい。今でも、彼が楽屋でジョリジョリとシェ

ーバーを使い始めると、殺意を覚える。

2005年頃には、深夜のネタ番組やちょっとしたオーディションでは負け知らず状態に。事務所のホームページにも「サンミュージックのダークホース」という文字が躍り出した。今まで見向きもしなかったマネージャーがそれを書いたと知って、僕は気分が良かった。

もう後には戻れない。

ネタの内容も、「サーベル（西洋の剣）漫才」「バルコニー漫才」「チェス漫才」……字面のみでは何が何やら。一連の〝コスプレキャラ芸人〟化を冷ややかな目で見るものも多かったが、僕達はむしろ、

「人がやってないことをしている！」という高揚感に包まれていた。

そして、遂に冒頭の〝乾杯ネタ〟に行き着くのである。この頃には、芸名も〝山田ルイ53世〟と〝ひぐち君〟に改名済み。身も心も貴族と化していた。

ワイングラスを持ってから、約2年。06年のM－1グランプリ、敗者復活戦。決勝進出こそならなかったが、爆発的にウケた。後に先輩芸人の方から頂いた「M－1の裏チャンピオン」との言葉は、僕の芸人人生で数少ない勲章の一つである。

M－1の評判が届いたのか、「エンタの神様」からオファーが舞い込む。

実は、その1年前から、「エンタ」の打合せには通っていた。既に完成していた〝乾杯ネタ〟を提示したものの、にべもなく却下されていた経緯があったので、

「そのままのネタで良いから出て！」

と言われた時は、あからさまな手の平返しだったが、正直嬉しさが勝った。

「よし！　これで完全に売れた！」

いや、売れぬ。

多少仕事は増えたが、ブレイクには程遠い。「エンタ」への出演も三回で終了。追い打ちを掛けるように、事務所の後輩、小島よしおが大ブレイクする。髭男爵をダークホースと持ち上げたマネージャー陣の関心も無くなり、再び駄馬に戻った僕達。

それを救ったのが「爆笑レッドカーペット」である。番組出演時、それまでやっていたショートコントスタイルから、乾杯を連発する漫才スタイルにネタを進化させたのも良かった。２００７年の暮れに出演すると、翌年から仕事のオファーが激増、僕達は遂に〝一発〟を打ち上げる。コンビになって10年、山田32歳、樋口34歳になっていた。

この乾杯ネタ。ステージのみならず、バラエティー番組のひな壇でも重宝した。

これは、一度売れた際から今日に至るまで、相方・樋口はボケたことがないという信じられない事実に深く関係している。

髭男爵は、彼がボケ担当、僕がツッコミ。樋口がボケないと、乾杯出来ない。悩んだ末、苦肉の策として、番組中、共演者に何か言われると、

「〇〇やないかーーい！」

と全て相方と乾杯しながら返すことにしたのである。結果、樋口が喋らなくとも〝コンビで仕事をしてる〟風に映る。VTR観賞中の乾杯は、新しい「ワイプ芸」としてスタッフの方々に有難がられた。代償として彼は益々喋らなくなったが。

「何でボケへんねん！」と問い質すと、

「だって、ボケたことないから……」

（……何だその言い訳？）

ゲンナリする。

ブレイクした年、「金曜ロンドンハーツ」（テレビ朝日）のドッキリ企画「ブラックメール」のターゲットに数々の人気芸人と並んで相方も抜擢された。しかも彼に対するネタバラシだけ生放送中に行われる。

正直、おいしい。

樋口の自宅アパートにカメラクルーが向かう。部屋でくつろぐ彼を直撃する手筈だった。

しかし……樋口の姿がない。

いや、いた。

隣室（住人は樋口の友人）の扉が開き、「何やってんすか？」とあろうことか、カメラの後ろから登場する相方。

「いたいたいた！」。ドッキリの肝、第一リアクションを撮り損ね、慌てるスタッフ。結局、終始グダグダで幕を閉じた。

スタッフが撤収した後、

「なんで自分の部屋におらへんの?」

と彼を問い詰めると、

「いや……俺は知らなかったから……」

御尤も!……じゃない。

プロの世界では通じぬ言い分。この日から、髭男爵の潮目が変わった気がしている。

「俺も辞める!」

２０１５年、樋口は結婚する。

その披露宴の席。相方として挨拶を余儀なくされ、少しばかり話をした。

20年近く前。僕は「電波少年」の企画を1年間頑張って帰国。相方は僕の留守中、先輩に可愛がられ、しっかり自分の居場所を作っていた。対する僕は、人間関係が希薄となり、浮いた存在に。

ある日、僕は、相方にもう芸人を辞めると告げる。

その時、樋口は言った。

「山田が辞めるなら、俺も辞める！」

お笑いの才能は無いかもしれない。

しかし、ただ寄り添う……人生を共に歩む力は誰よりも抜きん出ている。

信用できる男だ。

締めの言葉に会場が拍手で包まれる。

彼の妻とは、実はその日が初対面。夫の相棒たる僕のスピーチにさぞかし感動しているだろうと目を遣ると、

「……？？」

ピンと来ていない表情……似た者夫婦である。末長く、添い遂げることだろう。

ブレイクから早や10年。

一発屋となった僕達は、地方営業に勤しむ日々である。２０１５年、ワインエキスパートの資格を取得した樋口は、

「山田はラジオとか書き物の仕事をしている。僕はワイン。それで、コンビとしてお互いレベルアップ出来れば」

ポリフェノールの副作用か、意味不明である。一つだけ確かなのは、彼がお笑いに真剣に向き合うことは恐らくもう無いということ。

悲しい限りだが反面、僕がこれほど欠点を挙げ連ねることが出来る人間は相方だけである。僕が欲していたのは、有能な人間ではなく、〝普通〟の人……友人だったのかもしれない。いや、有能な方が良い。

市井は現在、映画監督として活躍している。厳密に言えば、お笑いを続けているのは三人中、僕だけとなった。

しかし、むしろそれが心地よい。

ようやく僕も、髭男爵というコンビ名に、愛着が湧いて来たところなのだ。

おわりに

僕には、娘が一人いる。

この原稿を書いている時点で、五歳……幼稚園の年長さんである。


先日。

彼女と一緒にテレビを眺めていた。

とあるアニメ映画のＤＶＤだが、親子共々、幾度となく鑑賞済みの作品である。

にも拘らず、

「キャハハ！」

「あー！　あぶなーい‼」

「パパー、このひとわるいよー⁉」

制作者の指揮棒通り、要所要所で、新鮮なリアクションを引き出される娘。

ディズニーの世界観、作品の魅力たるや畏るべしである。

一方、僕はと言えば、勿論映画を楽しんではいるものの、そこは、四十過ぎの中年男。少なくとも表面上は、そう簡単に喜怒哀楽を表すこともない。

しかし、一か所だけ。

見る度に、毎回、心揺さ振られるシーンがあった。


その場面は、映画『トイストーリー3』の冒頭、早々に訪れる。

この作品の主人公は、シリーズ一貫して、玩具達である。

仲間想いのカウボーイに、銀河の平和を守るヒーロー。目や耳などの顔のパーツを取り外し出来る、ジャガイモ顔の夫婦。貯金箱の豚に、伸縮自在のバネ製の胴体を持つダックスフント……実に、濃いキャラクター達が揃っている。

〝彼ら〟は普段は只の玩具だが、一度《ひとたび》周囲に人間の気配が無くなると、動き出し、喋り出す。

そんな〝彼ら〟の願いはただ一つ。

持ち主の男の子に、自分達で沢山遊んで欲しいということ。

しかし、シリーズも三作目を迎え、大学入学を控えるまでに成長した彼は、もはや玩具で遊ぶ年齢ではなくなった。

実家を離れ、大学の寮に入るため、長らく玩具箱に仕舞いこんだままになっていた、かつての相棒達の処遇に思案を巡らせている。

（新居に持って行こうか、誰か近所の子供にあげようか、それとも……）

そんな男の子の様子に、

「僕達、捨てられるのかな……」

「もう、わたし達と遊んじゃくれない！」

「身の振り方を考えないとね！」

敏感に反応し、不安に慄《おのの》く玩具の面々。

そんな〝彼ら〟を見る度、

（コイツらは俺だ……）

僕はついつい自分を重ねてしまい、目頭が熱くなるのである。


本書に最後までお付き合い頂いた皆さんに、一つお願いがある。

記憶の玩具箱、そこに詰め込まれた一発屋達を、「消えた」、「死んだ」と捨て去る前に、もう一度、目次のページを眺めて欲しい。

あるものは、社交ダンス世界大会で上位に食い込み、お茶の間の感動を呼んだ。

SNSのアカウント上で披露してきたポエムが評判となり、再び注目を浴びつつあるものや、コスプレキャラからの脱皮を見事果たし、今や正統派漫才師の地位を手に入れたものもいる。

ズラリと並んだ芸人達の名が諸君の目に未だ、戦没者リスト、あるいは、墓標のように映るのであれば、それは筆者の力不足。

潔く諦め、降参しよう。

しかし、もしそうでないのなら……グラスを酒で満たし、祝杯を挙げさせて頂く。

手前味噌で申し訳ないが、勿論、乾杯の発声は、

「ルネッサーンス!!!」

フランス語で「再生」と「復活」を意味する言葉である。

掲げられた杯は、彼ら一発屋の復活の狼煙《のろし》、再生の幕開けとなるだろう。

【写真提供】

P13、87、109、151、171
株式会社よしもとクリエイティブ・エージェンシー
P33　株式会社ソニー・ミュージックアーティスツ
P59　ニチエンプロダクション
P129　株式会社ワタナベエンターテインメント　九州事業本部
P191　松竹芸能株式会社
P211　株式会社サンミュージックプロダクション

取材写真　新潮社写真部

初出　「新潮45」2017年1月号～12月号
連載時の原稿に加筆修正をしました

一《いっ》発《ぱつ》屋《や》芸《げい》人《にん》列《れつ》伝《でん》

発　行　2018年５月30日
４　刷　2018年６月25日

著　者　山田《やまだ》ルイ53世《せい》
発行者　佐藤隆信
発行所　株式会社新潮社
住　所　〒162-8711
東京都新宿区矢来町71
電　話　編集部 03-3266-5611
読者係 03-3266-5111
http://www.shinchosha.co.jp
印刷所　大日本印刷株式会社
製本所　加藤製本株式会社

乱丁・落丁本は、ご面倒ですが
小社読者係宛お送り下さい。
送料小社負担にてお取替えいたします。
価格はカバーに表示してあります。

ISBN978-4-10-351921-8 C0095